EDITION Leidfaden
Hrsg. von Monika Müller

Die Buchreihe *Edition Leidfaden* ist Teil des Programmschwerpunkts »Trauerbegleitung« bei Vandenhoeck & Ruprecht, in dessen Zentrum seit 2012 die Zeitschrift »Leidfaden – Fachmagazin für Krisen, Leid, Trauer« steht. Die Edition bietet Grundlagen zu wichtigen Einzelthemen und Fragestellungen im (semi-)professionellen Umgang mit Trauernden.

Petra Rechenberg-Winter

Leid kreativ wandeln

Biografisches Schreiben in Krisenzeiten

Vandenhoeck & Ruprecht

Mit 5 Abbildungen

Bibliografische Information der Deutschen Nationalbibliothek
Die Deutsche Nationalbibliothek verzeichnet diese Publikation in der
Deutschen Nationalbibliografie; detaillierte bibliografische Daten sind
im Internet über http://dnb.d-nb.de abrufbar.

ISBN 978-3-525-40258-0

Weitere Ausgaben und Online-Angebote sind erhältlich unter: www.v-r.de

Umschlagabbildung: Christiane Knoop, Feder im Sand

© 2015, Vandenhoeck & Ruprecht GmbH & Co. KG, Göttingen /
Vandenhoeck & Ruprecht LLC, Bristol, CT, U.S.A.
www.v-r.de
Alle Rechte vorbehalten. Das Werk und seine Teile sind urheberrechtlich
geschützt. Jede Verwertung in anderen als den gesetzlich zugelassenen Fällen
bedarf der vorherigen schriftlichen Einwilligung des Verlages.
Printed in Germany.

Satz: SchwabScantechnik, Göttingen
Druck und Bindung: ⊕ Hubert & Co., Göttingen

Gedruckt auf alterungsbeständigem Papier.

Inhalt

Einladung 8

Teil 1: Die Wirkkraft poesieorientierter und bibliotherapeutischer Zugänge – Wendepunkte, Wendezeiten ... 14

Schreiben wirkt 16

Biografisches und kreatives Schreiben 21

Leben neu erzählen 25

Erfahrungen fiktiv erforschen – eine Erzählung schreiben ... 37

Begegnungen im Lesen – bibliotherapeutische Zugänge nutzen 41

Teil 2: Methodische Werkstatteinblicke 52

Biografisches Schreiben in der Qualifizierung von Begleitern trauernder Menschen 53

Klassische Schreibmethoden mit Praxisbeispielen 60

Schreibkommunikation 68

Verluste ändern das gesamte Leben 78

Generationale Trauer 84

Teil 3: Schreibwelten in der Trauerbegleitung eröffnen 94
Expedition in die eigene Schreibwelt 95
Schreiben in Trauertreffen 111
Schreibgruppe für trauernde Menschen 121

Ausklang 140
Literatur 141
Code für Downloadmaterial 147

»Jeder Mensch ist eine einzigartige Erzählung, die sich unaufhörlich, unbewusst (…) durch seine Wahrnehmungen, seine Gefühle, seine Gedanken und seine Handlungen weiterentwickelt (…)

Der Mensch braucht eine solche Erzählung (…) um seine Identität, ein Selbst zu bewahren.

Wenn wir also einen Menschen wirklich kennenlernen wollen, so fragen wir nach seiner Geschichte. Biologisch und physiologisch unterscheiden wir uns nicht sehr voneinander, historisch jedoch, als gelebte Erzählung, ist jeder von uns einzigartig.

Um wir selbst zu sein, müssen wir uns selbst haben; wir müssen unsere Lebensgeschichte besitzen oder sie, wenn nötig, wieder in Besitz nehmen. Wir müssen uns erinnern an unsere innere Geschichte, an uns selbst. Der Mensch braucht eine solche fortlaufende innere Geschichte, um seine Identität, sein Selbst zu bewahren.«

Oliver Sacks, Der Mann, der seine Frau mit einem Hut verwechselte (1991, Kap. 12)

Einladung

»Denn, um es endlich einmal herauszusagen, der Mensch spielt nur, wo er in voller Bedeutung des Wortes Mensch ist, und er ist nur da ganz Mensch, wo er spielt.« Schillers Wort (1795) ist oft zitiert und nach wie vor aktuell. Als bedeutsamer Aspekt alltäglicher Lebenskunst führt uns spielerische Auseinandersetzung in die Räume der Kreativität, in denen wir nicht lösbar erscheinende Zumutungen des Lebens ein wenig anders betrachten können. Hier müssen wir nicht gleich Stellung beziehen, vielmehr ist vielfältiges Probehandeln möglich, so lange, bis ein neuer Weg erscheint und sich bisher nicht gekannte Handlungsmöglichkeiten eröffnen.

Spiel ist in diesem Sinn die ernsthafte künstlerische Auseinandersetzung mit Widrigkeiten, um einige von den in ihnen verborgenen Schätzen zu bergen und etwas von der dem Leben inneliegenden Weisheiten zu erspüren.

Im Kontrast zur Welt der Arbeit, der Pflicht, der notwendigen und entstehenden Erfordernissen des Lebens eröffnet sich in der Kunst ein eigener und anderer Raum: eine autonome Welt des zwanglosen, freien Spiels. Sie lädt ein, uns zumindest partiell vom Druck der Ereignisse entlastet zu erleben und hier Bruchstücke unserer Existenz neu zu ordnen und eventuell zu einem harmonischen Ganzen zu verbinden. Spiel führt in eine Gegenwelt der Kunst, doch nicht, um mich aus dem Alltag herauszuschleichen, sondern vielmehr, um mich zeitweise zurückzuziehen. Hier kann ich mich mir selbst zuzuwenden, mich sammeln, zu mir finden und ganz allmählich nächste machbare Schritte erkennen.

Kreatives biografisches Schreiben versteht sich als ein solch künstlerisches Feld des kraftvollen Spiels und einer Form der Selbstbegegnung, in der ich mich schreibend selbst überrasche. Indem ich Kapitel meiner Erfahrung nochmals und wieder neu erzähle, setze ich mich aktiv mit ihnen auseinander. Ich fühle mich nicht länger als Opfer der Verhältnisse, vielmehr gestalte ich in dem mir möglichen Rahmen meine Biografie, wie beispielsweise Portia Nelson in ihrer

> **»Autobiografie in fünf Kapiteln**
> Kapitel Eins
> Ich gehe die Straße entlang.
> Da ist ein tiefes Loch im Gehsteig.
> Ich falle hinein.
> Ich bin verloren … Ich bin ohne Hoffnung.
> Das ist nicht meine Schuld.
> Es dauert endlos, wieder herauszukommen.
>
> Kapitel Zwei
> Ich gehe dieselbe Straße entlang.
> Da ist ein tiefes Loch im Gehsteig.
> Ich tue so, als sähe ich es nicht.
> Ich falle wieder hinein.
> Ich kann nicht glauben, schon wieder am gleichen Ort zu sein.
> Aber es ist nicht meine Schuld.
> Immer noch dauert es sehr lange, herauszukommen.
>
> Kapitel Drei
> Ich gehe dieselbe Straße entlang.
> Da ist ein tiefes Loch im Gehsteig.
> Ich sehe es.

> Ich falle immer noch hinein … aus Gewohnheit.
> Meine Augen sind offen.
> Ich weiß, wo ich bin.
> Es ist meine eigene Schuld.
> Ich komme sofort heraus.
>
> Kapitel Vier
> Ich gehe dieselbe Straße entlang.
> Da ist ein tiefes Loch im Gehsteig.
> Ich gehe darum herum.
>
> Kapitel Fünf
> Ich gehe eine andere Straße.«
> *Portia Nelson (1993)*

Biografisches Schreiben verlangt Selbstachtsamkeit und befördert diese gleichermaßen. Es geht dabei keinesfalls um Leistungen, wie wir sie aus unserer Schulzeit erinnern. Kein Rotstift ist in der Nähe, und auch strenge Mienen und miese Zensuren haben hier nichts zu suchen, sondern bleiben in der Vergangenheit. Jetzt geht es allein um spielerisches Schreiben, nicht um ein gefordertes Ergebnis. Der persönliche künstlerische Prozess einer Begegnung mit sich selbst steht im Mittelpunkt. Was uns beeindruckt, verlangt nach Ausdruck. Und Schreiben bietet diesen Zugang achtsamer Selbstzuwendung, aufmerksamer Selbstbegegnung und freundlicher Selbstbetrachtung.

Damit erweist sich biografisches Schreiben auch als wirkungsvolles Instrumentarium für Menschen in existenziellen Krisen, für Trauernde, denen Lebensbedeutsames entrissen wurde, und für die vor Leid Sprachlosen. Wenn nichts mehr ist, wie es war, und das Leben in seinen Grundfesten erschüttert ist, meine Lebensentwürfe mich nur noch als Scherben umgeben und ich keinen Schritt mehr weiter weiß, bietet Schreiben eine Möglichkeit, mich meiner selbst und der Welt auf kreative Weise zu nähern, mich auszudrücken und in eine zerstörte, verstörende Welt (zurück) zu finden.

Die Heilkraft von Sprache und Schrift ist seit langem bekannt. Als magische Formeln und Zusprüche, Psalmen und Gebete, Prophezeiungen, Segnungen oder Bekenntnisse verdichten sie Menschheitserfahrungen und bieten sich einer individuellen Durcharbeitung an. Aussprechen, was quält, und die Gefahr beim Namen nennen, rettete schon die Königin, als im Märchen das Rumpelstilzchen sie in ihrem Lebensnerv bedrohte und nach ihrem Kind trachtete.

Sich mit Worten den Gefahren stellen, entfaltet gestaltende Kraft. Schreiben schafft Bedeutung und damit Wirklichkeit, »eine Sprache vorstellen heißt, sich eine Lebensform vorstellen«, sagt Wittgenstein in seinen »Philosophischen Untersuchungen« (zitiert nach Schärf, 2012, S. 147). So ist Schreiben immer schon als Entwurf einer Lebensform zu verstehen, wie beispielsweise im Tagebuch aufgezeichnet und protokolliert. Bereits hier realisiert sich das Welt erzeugende Prinzip aller künstlerischen Handlungen. Sprache ist dann nicht nur ein Werkzeug, sondern nicht selten sind wir schreibend das ihre.

An dieser Stelle möchte ich Sie einladen, diesem Schreiben als einem *work in progress* konkret nachzuspüren und sich Ihrem eigenen Schreibprozess zuwenden.

Schreibimpuls zu *DunkelLicht*

Wenn Sie das Wort *DunkelLicht* lesen, welche Bilder tauchen bei Ihnen auf? Welche Erinnerungen an Zeiten, in denen dieser eigenwillige Begriff passen könnte? Vielleicht meldet sich auch ein für Sie passenderes Wort, dann nehmen Sie bitte dies für die folgenden Schreibschritte auf:
> *Wo erkenne ich zarte Lichter oder kräftiges Licht in meinem Dunkel?*
> Erstellen Sie eine spontane Liste *dunkler* Erfahrungen und wählen Sie daraus eine Situation, die aktuell bedeutsam ist. Aber vielleicht möch-

ten Sie sich auch erst einmal langsam ans Schreiben annähern und sich mit einer länger zurückliegenden Erfahrung befassen oder einer, die Ihnen weniger wichtig erscheint? Beginnen Sie mit dem, was Ihnen am Leichtesten fällt.

> *Was verdunkelt(e) in dieser ausgewählten Situation mein Leben?*

Schreiben Sie, was Ihnen in sieben Minuten assoziativ einfällt. Dann lesen Sie Ihre Notizen und ergänzen, was Ihnen jetzt noch einfällt.

> *Was hat es mir erleichtert? Wer hat mir geholfen?*

Beschreiben Sie kurz und stichwortartig, woran Sie erkennen, dass Ihnen etwas hilfreich ist (war). Im nächsten Absatz notieren Sie Gegebenheiten und Menschen, die Sie unterstütz(t)en.

> *Wie genau sieht (sah) diese Hilfe aus?*

Beschreiben Sie diese so detailliert wie möglich.

> *Was verbessert(e) sich dadurch?*

Etwas hat(te) sich nun verändert. Vielleicht waren es Kleinigkeiten, die erst auf den zweiten, dritten oder vierten Blick zu erkennen sind? Alles, was Ihnen einfällt, ist bedeutsam. Erzählen Sie schreibend und versuchen Sie sich dabei im Freewriting, bei dem Sie ohne Unterbrechung all das schreiben, was sich in Ihnen meldet. Sollten Sie ins Stocken geraten: kein Problem. Sie beginnen mit dem ersten Satz nochmals, bis er sich von selbst weiterschreibt.

> *Wie geht (ging) es danach weiter bzw. wie sollte es weitergehen?*

Was entwickelt(e) sich daraus? Und wenn es sich um eine aktuelle Situation handelt, wie wünschen Sie sich, dass sie sich fortsetzt, was möchten Sie darüber in einem Jahr schreiben?

> Nach diesen einzelnen Schritten schreiben Sie nun Ihre eigene Entwicklungsgeschichte in einem Brief an sich selbst. Bewahren Sie ihn an einem geschützten Ort auf, wo nur Sie Zugang haben, um ihn später wieder lesen zu können. Gibt es einen bestimmten Zeitpunkt, an dem Sie sich daran erinnern möchten? Dann notieren Sie sich an diesem Datum in Ihrem Kalender einen entsprechenden Hinweis: *Brief lesen!*

In diesem Buch geht es also um Aspekte der Kunst als ein Überlebensmittel, mit dem wir schreibend unsere seelischen Widerstandskräfte stärken, und um das Gestaltschaffende des biografischen Schreibens, indem wir uns Erlebtes erzählerisch zur Selbstaufklärung vorlegen.

Dieses Buch verbindet wissenschaftliche Erkenntnisse mit methodischen Umsetzungen und vielfältigen Schreibimpulsen. Praxisbeispiele illustrieren mögliche Einsatzfelder, ausgewählte literarische Texte ergänzen die Materialsammlung, die sich beim biografischen Schreiben mit trauernden Menschen bewährt haben. Gleichzeitig sprechen sie natürlich auch meine Schreibeinladung an Sie als Lesende aus.

Teil 1: Die Wirkkraft poesieorientierter und bibliotherapeutischer Zugänge – Wendepunkte, Wendezeiten

Wenn sich das Leben entscheidend wendet, es uns den Boden unter den Füßen wegzieht und wir in tiefe Nöte stürzen, empfinden wir das als existenzielle Krise. Wir erleben ein belastendes Ungleichgewicht zwischen der immensen persönlichen Bedeutung des Problems und den vergleichsweise unzureichenden Bewältigungsmöglichkeiten, die uns zur Verfügung stehen. Wir wissen uns nicht zu helfen, fühlen uns dieser unbeherrschbar erscheinenden Situation in keiner Weise gewachsen und erleben uns inkompetent, sie zu meistern. Wir fühlen uns in unserem eigenen Leben nicht mehr sicher und in unserer Identität bedroht. Bisherige Erfahrungen, Orientierungen, Ziele und Werte sind in Frage gestellt, sie tragen nicht mehr. Doch an was sich dann halten?

Verena Kast sieht in dieser zugespitzten Situation auch die darin verborgenen Chancen (Kast, 2009). In Krisen müssen wir uns neu ausrichten, wir haben gar keine Wahl. Neue Fähigkeiten müssen entdeckt oder alte wiederbelebt werden. Künstlerische Arbeiten sind ein Beispiel dafür, diese tiefgreifenden Eindrücke in Ausdruck zu verwandeln. In seinem Song »Mensch« singt Herbert Grönemeyer vom Tod seiner Frau, Eric Clapton in »Tears in Heaven« vom Verlust seines Sohnes. Salvador Dalí bearbeitet in seinem »Bildnis meines toten Bruders« dessen Verlust, der ihn von Geburt an begleitete, denn sein Bruder Salvador starb neun Monate vor seiner Geburt.

Auch der Tanz transportiert Gefühle und macht Trauer, Schmerz, Verzweiflung, Wut und Hoffnung sichtbar. Tanzend bewegen wir, was uns bewegt, und schaffen Verbindungen in andere Erfahrungsräume und bisher unerschlossene Ebenen. Die Tänzerin Anna Helprin verarbeitet in ihrer Choreografie »Intensive Care. Reflections on Death and Dying« ihre persönlichen Erfahrungen mit Krankheit und bevorstehendem Tod auf einer Intensivstation (Wittmann, Scham und Land, 2013, Bildtafel XVIII). Als Schriftstellerin greift Marie-Luise Kaschnitz auf die Lyrik zurück:

> »Kein Zauberspruch. Ad Infinitum
> Alle, die fortgehen
> durch die Glastür aufs Rollfeld,
> durch die Bahnhofssperre,
> die sich umdrehen, winken
> deren Blicke zu Boden sinken,
> deren Gestalten
> langsam undeutlich werden,
> alle sind DU.
> Du stehst bei mir,
> wendest dich ab, gehst fort,
> wirst kleiner und kleiner.
> Seit wann?
> Seit dein Tod mir am Hals hing,
> mir die Kehle zudrückte,
> stehst du immer wieder bei mir,
> wendest dich ab, gehst fort,
> den Bahnsteig entlang,
> rollfeldüber,
> wirst kleiner und kleiner,
> stehst da,
> wendest dich ab.«
> *Marie-Luise Kaschnitz (zitiert nach Kutter, 2010, S. 196)*

Schreiben wirkt

Als Menschen unseres Kulturkreises und einer hochkomplexen Gesellschaft sind wir beständig aufgefordert, uns in diversen Spannungsfeldern zu verhalten. Im Bemühen um eine persönlich sinnstiftende Balance schauen wir uns inmitten vielfältigster Möglichkeiten nach Orientierungspunkten um. Wir begegnen dabei allerlei Widersprüchen, pendelnd zwischen den Polaritäten von Veränderung und Beständigkeit, Geschwindigkeit und Verlangsamung, Entäußerung und Zentrierung, Anspannung und Entspannung. Wie das jeweils zu leisten ist, hat jeder Mensch für sich individuell herauszufinden. Unsere individuumszentrierte Orientierung verlangt dem einzelnen Menschen ab, was gruppenorientierte Gemeinschaften kollektiv regeln.

In Krisenzeiten spüren wir diese Herausforderungen besonders deutlich, erleben uns schmerzhaft auf uns selbst zurückgeworfen, möglicherweise ohne verlässliche Perspektiven, an denen wir uns ausrichten könnten. Wir erleben uns als auf uns allein gestellt, was meist noch das subjektiv gefühlte Leid vergrößert.

Begrenzung erweitern

Eine Krise (griech. *krisis,* Entscheidung) ist eine problematische Lebenssituation, in der das bisherige Verhaltensrepertoire nicht mehr ausreicht, um sie zu lösen. Es handelt sich um einen Wendepunkt oder besser eine Wendezeit, in der sich mitunter das gesamte Leben wendet bzw. von uns gewendet und neu ausgerichtet werden muss. Eine Krise ist ergebnisoffen und endet nicht zwangsläufig in einer Katastrophe. Nicht die Krise per se ist schlimm, sondern die befürchtete, drohende, erwartete Katastrophe, also der negative Verlauf einer Krise.

Gefühlt lassen sich Krise und Katastrophe nicht so ohne weiteres unterscheiden. In der Krise die in ihr verborgene Entwicklungschance zu erkennen, wird von den meisten Menschen in ihrer akuten Situation als unzumutbares Gedankenspiel erlebt. Oftmals ist es erst zu einem viel späteren Zeitpunkt möglich, retrospektiv die Weichenstellung aus einer überstandenen Krisensituation zu erkennen und die darin enthaltenen Erfahrungen als Lerngeschenke zu würdigen. Erst einmal ist ein solcher Wendepunkt ein überraschendes und überforderndes Geschehen. Schmerzhafte Gefühle, Sinnfragen, Ängste und Hoffnungen, Sehnsucht und radikale Realität bestimmen den chaotisch erlebten Alltag.

Reichen die eigenen Möglichkeiten hier nicht mehr aus, suchen wir Menschen nach einem unterstützenden Du, einem Gegenüber, das unserer verhängnisvollen Situation standhält und uns darin achtsam begleitet, unsere persönlichen Kräfte zu beleben, Fähigkeiten zu bergen und die neuen Einstellungen und Verhaltensweisen zu entwickeln, die uns die Krise abverlangt. Nicht ohnmächtig ausgeliefert, sondern aktiv unser Leben mit zu gestalten, mit dem Wendepunkt gemeinsam das zu wenden, was nicht mehr trägt.

Damit sind Fähigkeiten gefragt, die unseren Blick über seine bisherige Begrenzung hinaus erweitern, die uns andere Zusammenhänge als bisher erkennen lassen und uns mit Lösungsideen beschäftigen, an die wir bisher gar nicht zu denken vermochten. Um solche Perspektiverweiterungen zu erlangen, sind wir Menschen anthropologisch mit der Kreativität ausgestattet. Sie ist unsere ureigene Quelle hilfreicher Visionen, neuer Betrachtung und potenzieller Lösungsansätze.

Künstlerische Zugänge bieten entsprechende Konzepte. Sie eröffnen geschützte Räume kreativer Auseinandersetzung und stellen dafür gezielte methodische Verfahren zur Verfügung. Dabei kann es sich um musische, gestalterische, bewegungsaktivierende oder sprachliche Ausdrucksformen handeln oder um intermediale Kombinationen, die mehrere Ansätze in einem künstlerischen Schaffensprozess verbinden.

Sollte sich bei Ihnen an dieser Stelle ein innerer Kritiker melden, der Sie daran erinnert, dass Sie bereits in der Schule erkennen mussten, das Ihr künstlerisches Talent bestenfalls mittelmäßig ist, dann widersprechen Sie ihm bitte jetzt. »*Jeder Mensch ist ein Künstler*«, erklärte Joseph Beuys (in: Richter, o. J.) und machte darauf aufmerksam, dass in jedem von uns die vielfältigsten kreativen Potenziale stecken, den Lebensherausforderungen zu begegnen. Kunst ist für ihn eine anthropologische Konstante, der Punkt, aus dem heraus etwas in die Welt kommt, weil der Mensch seine körperlichen oder geistigen Fähigkeiten einsetzt. Die kreativen Kräfte des Irrationalen, des Poesievollen transzendieren das unmittelbar Sichtbare. Sie stimulieren uns, verhärtete Strukturen aufzuweichen. Sie verpflichten zur Utopie als die Möglichkeit, etwas vorwärtszubewegen.

Expressive Arts

Künstlerische Zugänge fördern die Produktivität im Menschen und bringen Fähigkeiten zum Ausbruch und Ausdruck, die andere Dimensionen eröffnen. »*Make the secret productive*«, appelliert Beuys (in: Richter, o. J.), mach das Geheime produktiv, lebe das Paradox der realen Utopie!

Kunstorientierte Konzepte entwickelten sich in den USA seit den 1970er Jahren unter dem Begriff *expressive art therapy* (Eberhart und Knill, 2009). Dieses umfassende Verständnis bezieht alle künstlerischen Zugänge wie Tanz, Schauspiel, Musik, Bildende Kunst und Poesie ein, dienen doch alle mit ihrem jeweiligen gestalterischen Experimentieren der individuellen *Spielraumerweiterung*. Spielerisch-künstlerisch bieten sie eine andere Wirklichkeit, die, von einer andersartigen Logik geleitet, ein Handeln erlaubt, das weniger durchs Reflektieren als durch Gestaltung die tiefen Zusammenhänge erkennen lässt. Damit ist jedes Werk in sich eine einmalige Lösung, aus dem Nichtwissen heraus entstanden im aktiven Tätigsein. Es ist ein *Sich-ins-*

Werk-Setzen der Wahrheit (Heidegger, 1960 S. 74). Und damit wird es zum Erarbeiten einer tragfähigen eigenen Wirklichkeit.

Im *Gebiet der Sorge,* dem Zustand der *Notenge* (Eberhart und Knill, 2009, S. 41) erleben wir uns in die Enge getrieben, steckengeblieben oder ausweglos in eine Sackgasse getrieben. Wir fühlen uns nicht mehr im Vollbesitz unserer Fähigkeiten, meinen uns von unseren potenziellen Möglichkeiten abgeschnitten, spüren uns persönlich unfähig und unerträglich klein. Wir schauen uns nach hilfreichen Geistern um, wünschen uns starke Retter herbei und suchen unsere Umgebung nach tatkräftigen Helfern ab. Dabei soll ja der Schlüssel beim Hilfesuchenden selbst liegen. Angefragte professionelle Berater wissen das und bieten begegnungsmutig eine andere Sprache und neue Betrachtungszugänge an, sie kennen kreative Formen gegen den Spielraummangel. Sie unterstützen mittels künstlerischen Handelns eine Art Brückenbau zwischen den Wirklichkeiten von Außenwelt und inneren Potenzialen – eine Brücke, die aus Notengen herausführt.

Poesietherapeutische Forschungsergebnisse

In diesem Buch geht es um die schreibenden Zugänge, das Spiel mit Worten und das Ringen um Sprache angesichts des Unaussprechlichen. Biografisches und kreatives Schreiben als prozessbetontes Verfahren, bei dem weniger das Ergebnis als viel mehr der erweiternde Gestaltungsprozess an sich im Mittelpunkt steht, versucht als kreativer Weg, den subjektiv erlebten Zustand eines Menschen zu bessern und seine schöpferischen Potenziale zu fördern. Es umfasst verschiedenste Schreibformen, wie das (auto-)biografische Schreiben, das expressive, intuitive, kreative, therapeutische und assoziative, die in der neueren Fachliteratur meist unter dem Sammelbegriff *kreatives Schreiben* zusammengefasst sind.

Internationale poesietherapeutische Forschungen belegen deren Wirksamkeit in den Fachbereichen Psychiatrie, Psychotherapie, Psychosomatik, Gerontologie und Sozialer Arbeit. Auch in diversen Grenzsituationen des Lebens hat sich Schreiben als hilfreich für die persönliche Neuorientierung erwiesen. Besonders das biografische Schreiben erwies sich als förderlich (Heimes, 2012). Ob in der Einzelarbeit oder im Gruppensetting, ambulant oder stationär, die poesietherapeutischen Verfahren trugen signifikant zur Verbesserung der empfundenen Lebenssituation der Probanden bei. Besonders unsichere und zurückhaltende Menschen profitierten, ebenso diejenigen, denen es schwerfiel, ihre Gefühle zu erkennen, zu benennen und zu regulieren. Menschen mit festen Denkmustern gelang es, schreibend neue Perspektiven zu erproben und ihren mit Gedanken- und Gefühlsunterdrückung einhergehenden Stress zu vermindern.

Untersuchungen zur Schreibfrequenz konnten nachweisen, dass bereits zweiminütiges Schreiben eine Katalysatorwirkung haben kann, dass jedoch die positiven Wirkungen des Schreibens umso größer waren, je öfter und länger geschrieben wurde. Doch auch Stimmungsverschlechterungen und zunehmende körperliche Beschwerden zeigten sich im unmittelbaren Anschluss an die Schreibinterventionen, die wenige Stunden später jedoch wieder abklangen.

So ist wie bei allen Interventionen auch beim Einsatz kreativer Schreibimpulse immer wieder bei den Schreibenden nachzufragen, wie deren Erleben ist, ob sie sich eher in eine sorgenvolle Situation hineinschreiben oder positive Wirksamkeitsunterschiede bei sich wahrnehmen. Es gilt, aufmerksam zu klären, ob das Schreiben als persönlich hilfreich wahrgenommen wird, Sprache als Spiel mit Ahnungen und Möglichkeiten genutzt werden kann und probeweises Pläneschmieden ermöglicht. Wirkt sich hingegen Schreiben belastend, erschwerend oder sogar retraumatisierend aus, ist dieser Zugang für diesen Menschen und zumindest zu diesem Zeitpunkt ungeeignet.

Schreibimpuls zu dem Gedanken *Leben bedeutet, eine eigene Geschichte hervorzubringen* **(Stölzel, 2014, S. 71)**

> Sammeln Sie persönliche Ereignisse und Erlebnisse, die Ihnen spontan einfallen.
> Ordnen Sie diese anschließend nach Ihrer heutigen Bewertung in Glücksgeschichten und Unglückserfahrungen.
> Wählen Sie eine aus, die Sie nun nacheinander aus unterschiedlichen Perspektiven notieren:
> - als Ich-Erzählerin[1],
> - als allwissende Beobachterin,
> - als eine andere Beteiligte oder als ein anwesender Gegenstand.
> Welche Aspekte werden aus den unterschiedlichen Perspektiven deutlich? Wohin weitet sich Ihr Blick? Inwieweit verändert das Ihre heutige Betrachtung?

Biografisches und kreatives Schreiben

Der Integrative Ansatz

Biografisches Schreiben lässt sich daran als kreativen Prozess erkennen, dass es all die Aspekte eines phasenhaften Kreativprozesses aufweist, wie ihn die Kreativitätsforschung charakterisiert: als Weg von der *Inspiration* über *Inkubation* und *Illumination* bis zur *Verifikation*.

Zu Beginn in der Inspirationsphase werden Erfahrungen, Eindrücke, Informationen, Assoziationen und Gedanken gesammelt, die entweder aus eigenem Erleben stammen oder der Umgebung entnommen sind. Dieses Material entfaltet bald sein Eigenleben, erweitert oder verdichtet sich, verkompostiert in der Inkubationsphase. Wichtig ist, dass sich die Schreibenden

---

[1] Bei den wechselnd verwendeten grammatischen Formen ist immer auch das jeweils andere Geschlecht mitgemeint.

in beiden Phasen unvoreingenommen in eine möglichst bewertungsarme Haltung versetzen. Keine Ansprüche! Es bedarf unbedingt einer spielerischen Beschäftigung, damit sich irgendwann scheinbar nicht zusammenhängende Gedanken mit den unterschiedlichsten Gefühlen verbinden und als weiterführende Ideen in der Illuminationsphase herauskristallisieren. Damit lässt sich gut weiterschreiben, und so gestaltet sich in der Verifikationsphase allmählich ein aussagekräftiger Text.

Diese vier Abschnitte verlaufen parallel zu dem von Sigmund Freud beschriebenen therapeutischen Prozess des Erinnerns, Wiederholens, Durcharbeitens und der Integration des Erlebten in die eigene Biografie. Schreiben wird zum heilsamen Erzählen.

Früh wies die Autorin und Schreiblehrerin Gabriele Rico (1984) darauf hin, dass ein solcher kreativer Schreibprozess anfänglich stärker die rechte, bildlich arbeitende Gehirnhemisphäre anregt als die linke, logische und analytisch-kritische, doch im weiteren kreativen Schreibprozess beide Gehirnhälften im gegenseitigen Wechselspiel kooperieren. »Der fertige Text ist das Ergebnis des Zusammenwirkens beider Denkweisen, was uns wieder einmal zeigt, dass Schreiben im Idealfall ein komplexer schöpferischer Akt ist, der ein zeitlich geordnetes Zusammenspiel beider Gehirnhälften verlangt« (Rico, 1984/2004, S. 86).

Die Wirkung des kreativen biografischen Schreibens fasst Lutz von Werder (2007) in dem von Gabriele Rico formulierten Integrativen Ansatz zusammen als die drei S von *Stil*, *Spiel* und *Selbstbegegnung*. Sobald ich schreibe, suche ich andere Worte als beim Sprechen, ich bin langsamer und orientiere mich vielleicht an einem Muster, wie wissenschaftlichem Schreiben, journalistischer Form, Lyrik oder literarischer Übersetzung. Mein Denkvermögen wird anders herausgefordert, ebenso wie meine Wortwahl und meine Formulierungen. Bereits nach kurzer Zeit regelmäßigen Schreibens erweitert sich der aktive Wortschatz, das Leseverhalten wird aufmerksamer und der Sprach- und Schreibstil erweitern sich.

Schreibendes Spiel

Das schreibende Spiel mit Worten, Buchstaben, Texten und Experimentieren bietet ungewöhnliche Zugänge zum Sichverständigen. Spaßige und heitere Zugänge heben Konkurrenzen auf, Absurdes lockert eingefahrene Betrachtungen. »Sie geben der Spielfähigkeit selbst, in der nicht nur nach Freud das Wesen der dichterischen Produktivität besteht, eine Chance, sich aus sozialisationsbedingter Verschüttung ein Stück zu befreien; sie fordern die Fantasie und die Sprache heraus, die Zwänge einer vorgegebenen, quasi verordneten Wirklichkeit und Vernünftigkeit abzuschütteln und mögliche Welten zu ersinnen, in denen das Abgeschmackte und Absurde logisch, sinnvoll und sogar schön ist« (Goebel, 1978, S. 108).

Schreibenden fällt schnell auf, wie sich während des Schreibens therapieähnliche Prozesse einstellen. Erinnerungen werden heraufbeschworen in einer mitunter verblüffenden Intensität, rufen vielleicht sogar Kettenreaktionen hervor oder Wiederbegegnungen und führen auf ureigene Spuren. Schreiben als Selbstbegegnung und Neuschreibung: »Die bewusste sprachliche Formulierung und Überarbeitung aber führt wieder zu einer neuen Integration der so freigewordenen Kräfte in die Gesamtpersönlichkeit des Schreibens, was den so oft beobachteten Gewinn als Erkenntnis beim Schreiben verstehbar macht« (Fröchling, zitiert nach von Werder, 2007, S. 22). Jürgen vom Scheidt verweist darauf, dass Schreiben von innerem Druck entlastet, Gefühlserinnerungen anreichert, von allzu bedrohlichen Gefühlen distanziert, Unvereinbares integriert, Sinn erkennen lässt, geistige Zugänge versprachlicht und strukturiert, Erfahrungen verinnerlicht und nicht zuletzt das Langsamwerden und Loslassen einübt (vom Scheidt, 1989, S. 38–42).

Grenzsituationen begegnen

In der Begleitung trauernder Menschen kann Schreiben helfen, den Grenzsituationen des Lebens zu begegnen, sich Ängsten zu stellen und Sinnfragen aufzugreifen. Schreibend lässt sich die eigene Realität formulieren ohne Angst, diese bestritten zu bekommen. Eigenes Erleben und persönliche Gefühle sind die zentralen Ereignisse, denen schreibend Raum gegeben wird. Geschrieben wird all das, was im Moment wichtig erscheint. So lässt sich etwas über das eigene Denken, Fühlen, Wollen, Befürchten, Sehnen herausfinden und ein schwankender Boden wieder befestigen.

Die drei S zeigen sich dann möglicherweise in persönlich stimmigem Ausdruck (Stil) des Erlebens, experimentierend-erprobender Auseinandersetzung (Spiel) und neuen Erkenntnissen zur aktuellen Situation (Selbstbegegnung).

Ob Sie für sich selbst schreiben oder biografisches Schreiben in der Trauerbegleitung einsetzen, selbst bei kleinen Miniaturen empfiehlt es sich, alle Texte zu datieren, um deren Entwicklungsprozess zu dokumentieren.

Schreibimpuls *Das sag ich dir!* **(nach Pogoda, 2000, S. 132 f.)**
Aktivieren Sie Ihren Schreibfluss. Rechtschreibung, Stil und Umfang spielen dabei keine Rolle, denn was Sie hier schreiben, wird mit nichts verglichen.

› Schreiben Sie einen Brief an eine geliebte oder an eine ungeliebte Person.
› Führen Sie schreibend ein Gespräch mit einem Tier oder einer Pflanze.
› Formulieren Sie eine Anrufung von imaginären Personen oder Instanzen.

Ich schreibe, und das Geschriebene ist meins.

Leben neu erzählen

Schreibend gestalten wir uns eigene Welten, wir führen einen inneren Dialog mit uns selbst und treten mit Erlebtem und Fantasiertem in Kontakt. »Im Unterschied zum analytischen Sprechen zielt eine Sprache des Kontakts auf ein ständiges Erschaffen und Erneuern von selbst« (Ortmann zitiert nach Rullmann, 2004, S. 37). Schreiben wir diesen Text zum selben Thema an einem anderen Ort oder zu einem späteren Zeitpunkt nochmals, wird sich das Ergebnis vom ersten unterscheiden. Die Geschichte wird anders erzählt, sie enthält neue Varianten und eröffnet ihre eigene Sicht. Als Schriftsteller hat sich T. C. Boyle mit diesen Phänomenen auseinandergesetzt:

»Wir alle sehen die Welt mit unseren Augen und so, wie unsere Sinne es uns ermöglichen, und alles was ich tun kann, ist zu hoffen, sie auf eine individuelle Weise einzufangen, die Dinge wiederzugeben, die uns bedrängen in jedem bewussten Moment, in dem sie erscheinen und wieder verschwinden. Ich möchte leicht sein und tief, investigativ und imaginativ, neugierig und immer noch neugieriger, und ich will keine Ablenkung« (Boyle, 2015, S. 25).

Biografien sind populär

Der Begriff *Biografie* kommt aus dem Griechischen (*bios*: das Leben, *graphein*: schreiben), und aus dem antiken Griechenland des vierten Jahrhunderts vor Christus sind auch erste literarischen Werke übermittelt, die als Biografie oder Autobiografie gelten. Diese Schreibtraditionen übernahmen später die Römer. Die Bekenntnisse des Augustinus, die Selbstbetrachtungen des Marc Aurel sind wohl die bekanntesten Beispiele antiken biografischen Schreibens.

»Mein Großvater Verus gab mir das Beispiel der Milde und Gelassenheit. Meinem Vater rühmte man nach, er habe einen echt männlichen und dabei bescheidenen Charakter besessen, worin ich ihm nachahmte. Meine Mutter war mir durch ihre Frömmigkeit und Wohltätigkeit ein Vorbild.« So beginnen die Selbstbetrachtungen des römischen Kaisers Marc Aurel, verfasst um das Jahr 170 nach Christus. Bei diesen antiken Lebensbeschreibungen ging es weniger darum, eine persönliche Entwicklung darzustellen, sondern mehr um moralische und philosophische Selbstbesinnung.

Die Biografie des bürgerlichen, aufgeklärten Menschen hingegen, wie wir sie seit der Französischen Revolution kennen, hat etwas mit dem Menschen in der Moderne zu tun, dem Phänomen seiner Selbstvergewisserung. Er konnte »ich« sagen und hatte eine bestimmte Vorstellung dazu. Der geschärfte Blick der Seele in sich war ein Gedanke, der auf eine große Resonanz bei der neuen tonangebenden Schicht des Bürgertums stieß. Biografische Romane, seien sie erfunden oder historisch fundiert, finden seitdem ein interessiertes Lesepublikum.

»Die Monate haben es eilig. Die Jahre haben es eiliger. Und die Jahrzehnte haben es am eiligsten. Nur die Erinnerungen haben Geduld mit uns. Besonders dann, wenn wir mit ihnen Geduld haben«, schreibt Erich Kästner in seiner Autobiografie »Als ich ein kleiner Junge war« (1957/2003, S. 54). Und hier nennt er ein zentrales Motiv des biografischen Schreibens: das Erinnern, das Wiederholen und das Festhalten von Erlebtem auf dem Hintergrund des Spezifischen seiner historischen Epoche.

Es ist eine Suche nach Authentizität, die sich durch eine gedruckte Biografie zieht. Eine Biografie, die man lesen kann, ist eine Wertschätzung, eine Verheißung über ein geglücktes Leben, insofern, als es diesen geschriebenen Niederschlag gibt. Selbst wenn es tragisch gewesen sein sollte, war es immerhin so erfolgreich und geglückt, dass es diese Biografie darüber gibt. Dem Leben ist eine Art von kleiner Dauerhaftigkeit verliehen worden. Wir möchten etwas über geglückte Leben erfahren, im eigenen Wirrwarr des alltäglichen Chaos und dabei Perspektiven finden für unsere eigene Entwicklung. Wir suchen mögliche Bewältigungsstrategien und versuchen, uns Tod und Vergessen entgegenzustellen.

Da kann es tröstend sein, daran erinnert zu werden, welche Krisen, Veränderungen und Erschütterungen andere überstanden haben, und sich klarzumachen, dass es weitergeht und es in allem eine gewisse Kontinuität gibt.

Sinnzusammenhänge im eigenen Leben entdecken und sich darin verstehen, hat etwas Befreiendes. Anlass zum biografischen Schreiben können eine Zäsur im Leben sein, »Seit einem halben Jahr bin ich Rentnerin«, oder drängende Entscheidungsfragen, »Soll ich diesen Karrieresprung wagen?«, auch ein schicksalhafter Wendepunkt mit weitreichenden Veränderungen, »Nichts ist mehr so wie vorher, ich finde mich nicht zurecht«, oder eine eigene hinderliche Verhaltensweise, »Warum fällt es mir so schwer, NEIN zu sagen?«.

In der geschriebenen (Auto-)Biografie geht es zwar erst einmal um den persönlichen Lebenslauf mit Eckdaten, zentralen Ereignissen und bedeutsamen Begegnungen. Doch klingt darin schnell die Partitur eigener Lebenskompositionen durch, in der ein Mensch einzelne Erfahrungen in für ihn sinnhafte Melodien einfügt. Und diese persönliche Zusammenstellung von Bedeutungszusammenhängen steht im Zentrum biografischer Betrachtung, an der wir Menschen lebenslang komponieren, dessen Arien wir nach neuen Lebenserfahrungen umschreiben, deren Tonart wir beständig verändern und deren individuelle Lieder wir in anderen (gesellschaftlichen) Situationen wieder neu singen.

Musik, Kunst und Literatur dienen seit je als Brückenschlag erlebten Lebens in die Zukunft.

Im Erzählen erlebter Geschichten, im Storytelling persönlicher Auseinandersetzung mit der »Last des Erinnerns« und als verschiedenstimmiges Lied für eine »bessere Welt« sieht der aus Jamaika stammende Dichter Kai Miller die rettende Funktion von Literatur. Als erster Schwarzer erhielt der den Forward Price. Er lebt in London, unterrichtet dort Creative Writing und weiß: »Jede Freiheit beginnt in der menschlichen Vorstellungskraft« (Botterbusch, 2014).

Biografiearbeit nutzt die Kunst des heilsamen Erzählens. Metaphern und Bildgeschichten beschreiben, was Worte nicht vermögen, und führen in Tiefen, in die unsere Sprache nicht reicht. Persönliche Geschichten behandeln Lebensfragen oder einzigartige Erfahrungen. Manche sind lernende Suchbewegungen durch komplexe Lebensereignisse oder erforschen Lösungsoptionen. Sie werden im Gespräch ausgewählten Menschen anvertraut oder als schriftliches Zeugnis abgelegt. So sagt der aus amerikanischer Kriegsgefangenschaft heimgekehrte Erzähler im Roman »Heimkehr in die Fremde« über sein Schreiben:

»Ich muß ihnen erzählen, wie es dem geht, der wieder nach Hause kommt. Ich weiß nicht, was mich dazu trieb. Es nahm von mir Besitz, und es drängte mich, alles aufzuschreiben. Ich fühlte, ich muß es ihnen sagen. Ich muß ihnen genau erklären, wie ich lebe und was ich beobachte, die Stadt und die Menschen, die hier leben, die Ruinen und den leeren Ausdruck, den die einstigen Bewohner in den Augen haben, wenn sie sich darin umblicken. Ich muß mich selber schildern, denn ich bin einer von Hunderttausenden, ich muß meine Träume schildern, meinen Hunger und meine Sehnsüchte. Sie werden sich vielleicht in mir wiedererkennen, und ich muß ihnen sagen, daß sie nicht verzweifeln sollen, dass sie wieder von vorn anfangen müssen.«
(Kolbenhoff, 1988, S. 27)

Es sind oftmals existenzielle Lebenserfahrungen, die Menschen zum Schreiben drängen, die einen neuen Ausdruck für das erzwingen, was uns Menschen derart tief erschüttert, dass wir es niemals in uns ablegen und nicht mit uns allein abhandeln können. Dafür sind sie viel zu gewaltig. Ein solch gewaltiges Erleben fordert Zeugen, es verlangt nach anerkennender Würdigung und solidarischer Anteilnahme. Es bricht eruptiv aus uns heraus, ähnlich dem isländischen Geysir, der seine geothermischen Energien kochend heiß in die Welt schleudert. Viele Texte, die in Lebenskrisen entstehen, zeugen von dieser ungeheuerlichen Wucht aus Angst, Schuld, Verzweiflung, Hoffnungslosigkeit. Andere wieder beschreiben die erfahrene Enge erlittener Sinnlosigkeit.

Ganz langsam schreiben sich dann kleine Lichter ins Dunkel, blitzen ermutigende Bilder auf, hallt Zuspruch wider oder bilden sich neue Spuren ab. Erinnerungen fügen sich zusammen, um irgendwann ein farbigeres Mosaik zu bilden. Doch das verlangt Zeit, in der Schreiben sich als tragende Brücke erweisen kann aus einer untergegangenen Welt hinüber in über uns hinausweisende Dimensionen.

»Wie unbarmherzig ist das Wort: gewesen!« (Mascha Kaléko, Gedicht »Das Ende vom Lied«, 2009, S. 32). Schreibend kann sich zum Gewesenen eine sinnorientierte Rückschau einstellen, die bilanzierend Gelebtes und Unterlassendes betrachtet, Ersehntes und Gelebtes ordnet, persönliche Stärken und haltgebenden Trost erkennt. So vermag Schreiben selbstberuhigend zu wirken und lässt uns gebrochene Standfestigkeit zurückgewinnen.

Schreibimpuls *Haiku*
Haiku ist eine traditionelle japanische Gedichtform, die aus drei Zeilen besteht, der ersten mit fünf Silben, einer zweiten mit sieben und einer dritten mit fünf. Gefühle werden nicht benannt, sondern erschließen sich.
- Jedes Haiku sollte ein Wort enthalten, das auf die Jahreszeit hinweist, eine Grundstimmung beschreibt und die lyrische Stimmung entfaltet.
- Regelmäßig Haikus schreiben fördert eine neue Sicht auf die Dinge.

Die Naturbetrachtung stimuliert die Aufmerksamkeit, die Aufmerksamkeit stimuliert das Schreiben, das Schreiben verdeutlicht die Situation der Schreiberin.

> Fortlaufendes Schreiben von Haikus befördert vertiefte Selbsterkenntnis. Der natürliche Rhythmus des Jahresverlaufs verbindet sich mit den Veränderungen der Situation des Schreibers. Im Dialog mit der Natur bleibt man dem eigenen Selbst auf der Spur.

Beispiel:

U – fer – lo – ses – Meer

ge – lieb – ter – An- – und – Aus – Blick

eins – mit – der – Na – tur

Autobiografisches Schreiben

»Das müsste man eigentlich aufschreiben« haben Sie sich vielleicht schon gedacht, als Sie sich mit Freundinnen über gesellschaftliche Umbrüche oder technischen Wandel unterhielten, die allein während Ihres Lebens sich rasant ereigneten und zu Lebensentwürfen führten, die Sie sich als kühne Jugendliche nicht einmal vorstellen konnten. Dem Gewesenen noch einmal nachspüren, die damit verbundene Weichenstellung rückblickend erkennen und bedeutsam Gewesenes aus der Jetztzeit betrachten, bereichert auch die Gegenwart.

Autobiografisches aufzuschreiben, bestätigt mich in meinem eigenen Sein und kann mich als Selbstrechtfertigung in meinem momentanen Standpunkt bekräftigen. Oder ich erfahre im Niederschreiben erschütternder Leiderfahrungen, wie diese dadurch ein klein wenig erträglicher werden, dass ich sie auf neue Weise in den Blick nehme, in den Blick schriftlicher Gestaltung. Ich kann beschreiben, wie ich das alles überlebte, und es damit dem Vergessen abtrotzen und mich der allzu raschen Vergänglichkeit entgegenstellen.

In der Begleitung trauernder Menschen nehmen Lebensgeschichten einen besonderen Raum ein, denn im Erinnern festigt sich die persönliche Bindung zum Verlorenen. Indem ich sie nochmal und nochmal und nochmal ein wenig anders erzähle, erobern sie sich ihren Platz in meinem Inneren, wandeln meinen Verlust in verlässliche Bestandteile meiner Identität.

> »Was vorüber ist
> ist nicht vorüber.
> Es wächst weiter in deinen Zellen,
> ein Baum aus Tränen oder vergangenem Glück.«
> *Rose Ausländer (1984/1992, S. 38)*

Ein erster autobiografischer Schreibimpuls zum Erinnern
Dieser Schreibimpuls beschäftigt sich mit dem Vornamen, und hier speziell mit dem Spitznamen:
- Wer gab ihn mir?
- Was weiß ich über dessen Bedeutung? Wen könnte ich dazu befragen?
- Nennt mich heute noch jemand so – und wer – in welcher Situation?
- Was verbinde ich mit diesem Spitznamen?

Wenn es keinen Spitznamen gab, kann zum Vornamen geschrieben werden, bei mehreren Vornamen zum Rufnamen:
- Was weiß ich darüber, wie meine Eltern diesen Namen wählten und welche Bedeutung er für sie hatte?
- Was bedeutet mein Name heute für mich?

Der Name ist eng mit unserer Identität verknüpft, als eine Art Botschaft von elterlichen Erwartungen bis hin zu Aspekten, die uns heute (noch) charakterisieren.

In anderen identitätsstärkenden Schreibimpulse könnte es um Orte der Kindheit gehen, etwa indem ausgeführt wird, wie es an einem bestimmten Platz aussah, wie es dort roch, mit welcher Jahreszeit und welchem Wetter es sich verbindet. Oder freudvolle Bewegungen der frühen Kindheit werden beschrieben, wie das Schlittenfahren, Schaukeln oder Sandburgenbauen.

Wenn Sie biografisches kreatives Schreiben einsetzen, ist es wichtig, mit freundlichen Kindheitserinnerungen zu beginnen, mit tragenden Familiengewohnheiten und stärkenden Erfahrungen. Sie bilden eine Basis für die Auseinandersetzung mit anderen Erlebnissen, mit Schwerem und großen Verlusten.

Menschen, die den Zweiten Weltkrieg miterlebten, schreiben oftmals eine Mischung von erlebten und erzählten Details, von eigenen und stellvertretenden Gefühlen. Herrad Schenk (2009, S. 57 ff.), die seit vielen Jahren Schreibwerkstätten mit Menschen »60 plus« durchführt, verweist in diesem Zusammenhang auf den Sozialkritiker Harald Welzer, der von einem *Kollektiven Gedächtnis* jeder Generation ausgeht (Welzer, 2002), das über bestimmte Erzählfiguren und Motive verfügt. Der einzelne Mensch baut sie in seinen individuellen Prozess eigener Bearbeitung ein, beispielsweise um Erinnerungslücken zu schließen.

Auch kurz nach dem Krieg Geborene kennen Empfindungen physischer Bedrohung und moralischer Verstrickung. Entsprechend häufig klingen Ängste an oder sind explizit Inhalt von Erzählungen.

Schreibimpuls zu *Kindheitsängsten*
Teilen Sie eine Schreibseite in drei Spalten:
- Links erstellen Sie assoziativ eine Liste erinnerter Ängste und schreiben jeweils untereinander *Ich hatte Angst vor …* Nehmen Sie sich dazu sieben Minuten Zeit.
- Anschließend sammeln Sie in der mittleren Spalte unter der Überschrift *Ich hatte Angst um …* Nehmen Sie sich wieder sieben Minuten Zeit.
- In der dritten Spalte formulieren Sie einige Ihrer Angstpunkte um in *Ich hätte gerne …*
- Aus dieser Materialsammlung schreiben Sie nun in maximal dreißig Minuten eine neue kleine Geschichte.

Weiter entlang der Lebenslinie lassen sich Texte zu den Eltern schreiben, einmal aus Kinderperspektive, aus Sicht als Jugendliche und dann als Erwachsene mit Blick auf alte Eltern und ein neues Beziehungsverhältnis, in dem sich frühere Abhängigkeitspositionen und Machtstrukturen umkehren.

Generell nehmen Beziehungsthemen im autobiografischen Schreiben eine umfassende Rolle ein, aktuelle Beziehungen, gescheiterte Verbindungen oder getrennte Lieben, abgebrochene Freundschaften und vom Schicksal entrissene Menschen. Damit sind nicht selten Scham- und Tabuthemen verbunden, die sich beispielsweise um Sexualität, Religion, Moralverletzung oder Gesetzesübertretungen drehen, um Schuld, Versäumnisse oder Versagen. Schreibend ist es da oft einfacher, sich dem zu nähern, diesen Erfahrungen Raum zu geben und sie sich von der Seele zu schreiben. Wichtig ist dabei, dass es verlässlich in der Entscheidung der Schreibenden liegt, ob überhaupt, und wenn ja, wem diese Texte vorgelesen werden, und dass sie an einem für andere unzugänglichen Ort sicher aufzubewahren sind.

In aktuellen Lebenskrisen zu schreiben, kann helfen, Kontrolle über das eigene Leben zu behalten bzw. wiederzugewinnen. Der aktive Schreibprozess setzt dem passiv Erlittenen etwas entgegen, wendet sich vielleicht dem zu, was persönlich erhofft wird, oder protokolliert all die Begebenheiten des Tages, an denen sich kleine Besserungen beobachten lassen oder zumindest erlittener Schmerz ein wenig nachlässt. Ein Beispiel: In ihrem autobiografischen Roman »Mein letzter Sommer« (2010) schildert Cesarina Vighy eindrücklich, wie die an Amyotropher Lateralsklerose erkrankte Protagonistin von ihrem eigenen Schmerz schreibt, mitunter bissig bis ironisch, und sich auf diese Weise von ihm entfernt. Im Bewusstsein des sich unerbittlich nähernden Todes bleibt sie der Lebensfreude beharrlich und in erstaunlicher Intensität verbunden. In einem Interview sagte die Autorin, dass sie Glück gehabt habe, das Schreiben sei ihre Rettung gewesen.

Eine ganz andere Form der Distanzierung ist es, das Erlebte in die Märchenwelt zu verlegen, es in Form eines Märchens zu bearbeiten oder als Heldenreise auszugestalten. Oder als Metapher im Bild eines Lebensflusses oder eines Lebenspanoramas, aus dem sich bestimmte Abschnitte bzw. Regionen ausführlich beschreiben lassen.

Über das eigene Leben zu schreiben kann ebenso gut einem Bedürfnis tief empfundener Lebenszufriedenheit entspringen. Von Dankbarkeit und Freude an dessen Reichtum motiviert, ist es vielleicht mit dem Wunsch verbunden, andere daran teilhaben zu lassen.

Mitunter umfasst die schreibende Reflexionsfähigkeit auch die Bereitschaft, sich mit dem eigenen Lebensende zu befassen und den Tod als Letztes auf dieser Welt zu denken. Oder die aktuelle Situation wird vom Lebensende her betrachtet. Welche Prioritäten ergeben sich aus dieser Perspektive? Welche Konsequenzen lassen sich schreibend durchspielen?

Die therapeutische Wirkung des autobiografischen Schreibens steht sicher nicht für alle Schreibende im Vordergrund, doch fast alle erleben etwas von dessen Heilkraft. Wer sich schreibend selbst begegnet, erfährt etwas davon, dass über das eigene Leben zu schreiben, sich zum sinnstiftenden Prozess entwickeln kann. Ob jemand für sich allein schreibt oder in der Gruppe, das schreibende Sichten, Ordnen und Neuverstehen von Gelungenem, Wertvollem, Schmerzhaftem oder Unerledigtem vertieft das Bewusstsein für die aktuelle Lebenssituation und schenkt neue Einsichten in Gewesenes. Fabulierend, verfremdend oder phantasiereich experimentierend entstehen Orientierungen in die Zukunft.

Wie Sie als Trauerbegleiterin diese Texte achtsam und verantwortungsvoll in Ihren Begleitprozess einbeziehen können, führe ich im dritten Teil des Buches aus.

Schreibimpuls zu meinen zwei Schultern
Lassen Sie sich von folgendem Gedicht anregen, sich eine *Leichte Schulter* und eine *Schwere Schulter* bildlich vorzustellen.
> Was trägt Sie auf der einen und was schleppen Sie auf der anderen?
> Schreiben Sie dazu ein Gedicht nach Vorlage des Gedichts »*Take it easy!*« von Mascha Kaléko (2009, S. 141) orientieren Sie sich an dessen Rhythmus.

»Tehk it ih.sie, sagen sie dir.
Noch dazu auf englisch.
»Nimm's auf die leichte Schulter!«

Doch, du hast zwei.
Nimm's auf die leichte.

Ich folge diesem populären
humanitären Imperarativ
Und wurde schief.
Weil es die andere Schulter
auch noch gibt.

Man muß sich also leider doch bequemen,
es manchmal auf die schwere zu nehmen.«

Innere Anteile ins Gespräch bringen

Wir sind als Menschen viel, viel mehr, als wir leben, und noch einmal um Dimensionen mehr, als unsere Umgebung von uns wahrnimmt. Das Modell des *Inneren Teams* (Schulz von Thun und Stegemann, 2004) geht von der Pluralität menschlichen Seelenlebens aus. Kräfte, Regungen, Empfindungen, Qualitäten, Lebensgeister, Gedanken und Motive werden in Analogie zum Arbeitsplatz als ein größeres Team verstanden. Als *Innere Anteile* treten diese Teammitglieder wie auf einer Bühne als personale Einheiten auf, und der Mensch betrachtet deren Inszenierungen wie aus dem Zuschauerraum. Dieser Abstand einer Disidentifikation ermöglicht es ihm, eine Außenperspektive auf sein inneres Erleben einzunehmen. Er betrachtet nun die lebendige Aufführung und erhält so einen neuen Blick aufs Getümmel seines aufwühlenden inneren Geschehens. Im Aushalten dieser inneren Pluralität und Uneinigkeit wird vieles deutlich, unter anderem, indem einzelne Teilwahrheiten erkannt und in einer integrierten Weisheit versammelt werden. Dann kann bis zur nächsten Herausforderung der Welt mit vereinten Kräften begegnet werden, und es lässt sich eine innere Harmonie als Ergebnis geglückter innerer Teamentwicklung genießen.

Dieses Modell eignet sich ausgezeichnet fürs kreative Schreiben. Die Inneren Anteile werden als Personen charakterisiert, die sich darstellen und miteinander in Kontakt treten. Unvereinbar erscheinende Akteure gehen vielleicht aufeinander zu, um neue Handlungen oder Lösungsoptionen zu entwickeln. Widersacher gehen auf Abstand, Figuren aus dem Hintergrund treten mit gewinnbringenden Informationen ins Rampenlicht oder laute Hauptdarsteller dürfen sich an den Bühnenrand zurückziehen. Wie auch immer, festgefahrene Situationen lassen sich auf diese Weise beleben, eingeschliffene Muster werden in Frage gestellt und ausweglos Erscheinendes wird kreativ umgeschrieben.

Schreibimpuls *Scham und Stolz* (nach Vopel, 2005, S. 153 f.)
Scham zählt zu den ungeliebten und tabuisierten Gefühlen, wir möchten sie vermeiden und sind doch auf sie angewiesen. Stephan Marks (2013) nennt sie die Hüterin der Würde und erkennt in dieser erlebten inneren Einschränkung einen Selbstschutzimpuls. Wir spüren deutlich Unrecht und reagieren mit menschlichem Widerstand darauf. Auf diese innere Mahnerin sollten wir hören, sie ans Licht holen und befreien, ihr eine eigene Stimme geben.

Wagen wir also eine langsame Annäherung an dieses schwierige Gefühl, um uns heilsam mit ihm zu verbünden.
- Erstellen Sie eine spontane Sammlung von Handlungen, Erfahrungen und Lebenssituationen, in denen Sie Scham empfunden haben. Diese Liste ist nur für Sie allein bestimmt. Schreiben Sie bewusst in klein gehaltener und enger Schrift (fünf Minuten).
- Anschließend sammeln Sie so viele erfreuliche Dinge wie möglich, die Sie in Ihrem Leben getan und geleistet haben. Diesmal wählen Sie eine große Schrift (fünf Minuten).
- Daraus fertigen Sie nun zwei Persönlichkeitsporträts an. In dem ersten beschreiben Sie sich klein und hässlich, in dem zweiten stellen Sie sich übertrieben groß dar. Die erste Beschreibung basiert auf den Handlungen, für die Sie sich schämen, die zweite auf denen, auf die Sie stolz sind (zehn Minuten).
- Nun stellen Sie sich bitte vor, dass diese beiden Menschen sich treffen.
- Schreiben Sie ein Gespräch, das beide miteinander führen könnten, und ermöglichen Sie ihnen, sich im Verlauf ihrer Begegnung zu wandeln. Das sollten Sie nicht forcieren, denn Veränderungen ergeben sich von selbst.
- Lassen Sie die beiden sich freundlich, vielleicht sogar liebevoll verabschieden (fünfzehn Minuten).

Erfahrungen fiktiv erforschen – eine Erzählung schreiben

In ihren Tagebüchern schreibt Virginia Woolf:

»Ich glaube, wenn ich mir angewöhne, aufzuschreiben, was geschieht oder was nicht geschieht, könnte ich vielleicht das Gefühl der Einsamkeit und der Isolation dämpfen, das mich ständig umgibt. (...). Ich mache mir meine Notizen und lese, um das Dickicht zu durchdringen und die formlose Masse darin zu gestalten. Das Leben erscheint mir unglaublich reich« *(zitiert nach Oates, 2006, S. 74).*

Die Spur zu mir

Im Erzählen fiktiver Geschichten begegnen wir uns selbst. Keine Fantasie ohne eigenes Erleben, und sei es, dass wir uns von etwas Gehörtem beeindrucken oder von einer Nachricht berühren ließen. Irgendetwas in uns klingt davon nach, schwingt weiter, beschäftigt uns und legt damit eine Spur zu uns selbst. Möglicherweise noch recht diffus, doch in uns erinnert sich bereits etwas an uns Bedeutsames. Ein verborgenes Thema scheint auf und weckt unser Interesse.

Wenn ich mir also vornehme, eine Geschichte zu scheiben, ist diese immer ein Weg zur Selbstbefragung und eine Quelle der Selbsterkenntnis.

Meine Geschichte hat daneben noch eine weitere Funktion, denn wenn ich die Figuren anlege, ihnen Eigenschaften zuschreibe und mich in sie hineinlebe, reduziere ich mein komplexes Innenleben auf überschaubare Geschehnisse. Ich kann mich damit auseinandersetzen, was im menschlichen Leben möglich ist, und mir Neues in einer Handlung sinnstiftend ordnen. Vielleicht erkenne ich existenzielle Fragestellungen, die sich bisher verbargen, und verstehe sogar ein wenig mehr als bisher?

Vorüberlegungen

Planen wir also probeweise eine kleine Erzählung und lassen uns von Peter Bieris (2012) systematischem Vorgehen anregen. Schreiben wir aus einer begeisternden Idee eine kleine Erzählung und lassen uns von folgendem Schema leiten:
- *Handlung:* Beginnen wir mit dem Inhalt. Worum soll es sich handeln, was ist der Plot? Was ist mein Interesse daran? Was möchte ich näher verstehen?
- *Figuren:* Jede Erzählung lebt von den Protagonisten, von denen sie handelt. Welche menschlichen Facetten möchte ich ausloten? Welche Erfahrungshintergründe fesseln mich? Was beschäftigt mich besonders?

- *Thema:* Bedeutsame Themen setzen sich immer mit einer existenziellen Fragestellung auseinander. Welche Entscheidungen sind Menschen in der Lage zu treffen? Woher nehmen sie die dafür erforderliche Energie? Über was möchte ich tiefer nachdenken bzw. in was will ich mich intensiv hineinleben?
- *Fiktion:* Uns beschäftigt das Mögliche. Was wäre erfolgt, wenn ich damals eine andere Entscheidung getroffen hätte? Zu was wäre ich alles in der Lage? Wozu ist ein Mensch fähig?
- *Erzählperspektive:* Der Blickwinkel formt die Betrachtung. Welche Sicht eignet sich für meine Aussage? Welche Atmosphäre ist angemessen?
- *Spannung:* Eine gute Geschichte ergreift uns und wir sind daran interessiert, wo sie uns hinführt, wie sie ausgeht. Was soll sich ereignen? Welche Wendungen, Hindernisse oder Herausforderungen haben meine Protagonisten zu bestehen? Wessen Aufmerksamkeit möchte ich fesseln?
- *Stil:* Jede Handlung lebt durch die ihr eigene Darstellung. Welche Sprache passt zu meinen Figuren? Welche Perspektive nehmen diese ein? Ist eine distanzierte Erzählweise angemessen oder eine, die nah am inneren Erleben bleibt? Wie ein Musikstück lebt auch die Erzählung von ihrem Rhythmus, dem Sprachklang und einer eigenen Melodie. Das entsteht während des Schreibens ganz von selbst, und wenn Sie unsicher werden oder Ihnen die Worte auszugehen scheinen, dann lesen Sie sich laut Ihre Geschichte vor und lassen sich vom Duktus weitertragen in die nächsten Sätze hinein.

Eine erste Erzählung

Nun ist Ihre Erzählung angelegt und wartet nur darauf, von Ihnen geschrieben zu werden. Sollte sich jetzt Ihre innere Kritikerin melden oder eine andere skeptische Stimme, bitten Sie diese, beiseite zu treten und Ihrer Experimentierfreude den Vortritt zu lassen. Denn Sie schreiben hier nur für sich allein und nur zu Ihrer Freude. Sie erinnern sich, beim kreativen Schreiben handelt sich um spielerisches Erproben!

Und los geht's. Stellen Sie Ihre Protagonisten in ihren Raum und beschreiben detailliert, wie es dort aussieht. Lassen Sie Ihre innere Bühne entstehen, auf der sich nach und nach das Leben regt. Beschreiben Sie so genau wie möglich, was es dort zu sehen gibt, so dass es auch für andere Betrachter zu erkennen wäre, was dort gespielt wird. Tauchen Sie soweit als möglich ins Geschehen ein, lassen Sie sich mitnehmen von dessen Entwicklung und schreiben Sie unzensiert von all dem, was Ihnen begegnet. Alles ist erlaubt in Ihrem Bühnenstück, Ihnen stehen alle Möglichkeiten zur Verfügung.

So entsteht allmählich der erste Rohentwurf. Ich empfehle Ihnen, diesen eine gewisse Zeit ungelesen beiseite zu legen, bevor Sie sich an dessen Überarbeitung begeben. Dann ist es wichtig, dass Sie Ihren wohlwollenden Blick nicht vergessen und bedenken, dass all das Geschriebene Ihr erster Versuch ist. Und allein weil Sie das innerlich erlebt haben, ist er gut!

Lesen Sie sich den Text laut vor, denn das schafft etwas Distanz in der Begegnung von Ihnen mit Ihrem Text und verbindet Sie mit dessen Qualität. Nehmen Sie sich dann nacheinander einzelne Abschnitte vor, um sie zu überarbeiten. Achten Sie dabei auf Verständlichkeit, auf eine klare und einfache Sprache. Überprüfen Sie, ob die Emotionen und Gedanken Ihrer Personen an deren Bewegungen und so weiter zu erkennen sind, die goldene Regel *don't tell, show it* erinnert uns, nicht *über* etwas zu schreiben, sondern es erlebbar zu beschreiben.

Im nächsten Schritt kümmern Sie sich um den Spannungsbogen Ihrer Erzählung. Macht der Anfang neugierig? Baut sich die Handlung nachvollziehbar auf? Schließt sich am Ende der anfänglich eröffnete Handlungskreis? Sind Ihre Protagonisten in ihrer Eigenart erkennbar?

Überarbeiten Sie nach ausreichenden Pausen wieder und wieder. Doch denken Sie bitte auch daran, dass eine Geschichte nie zu Ende ist. Wir Schreibenden erklären sie irgendwann als fertig, wohlwissend, dass sie sich nicht abschließen lässt, allein schon, weil das Leben beständig weitergeht.

Und erst wenn Sie Ihre Erzählung als (vorläufig) fertig ansehen, bitte erst dann, überlegen Sie, ob Sie jemanden daran teilhaben lassen möchten, prüfen Sie genau, wer freundlich darauf schauen wird und wann ein guter Zeitpunkt dafür wäre. Wenn überhaupt, denn vielleicht bleibt es Ihre ureigene Geschichte.

Begegnungen im Lesen – bibliotherapeutische Zugänge nutzen

Vor uns haben bereits unzählige Menschen geschrieben, ihre Erlebnissen, Gedanken und Phantasien literarisch gestaltet und uns damit ihren Erfahrungsvorsprung zur Verfügung gestellt. Wenn wir uns von einer Krise überwältigt fühlen, keine Worte mehr finden und uns sprachlos erleben, dann bietet vielleicht Lesen eine Möglichkeit, ähnlichen Erfahrungen anderer Menschen zu begegnen und uns im inneren Dialog den eigenen anzunähern.

Dabei kann es sich um Sachliteratur handeln, Fachbücher oder Artikel, die uns Informationen bieten und uns dabei unterstützen, uns in unserer eigenen Situation zu orientieren. Wissen kann zu unserer Sicherheit entscheidend beitragen. Und der Büchermarkt zu Trauerliteratur ist inzwischen sehr umfangreich, so dass sich wohl für die meisten Menschen eine passende Lektüre finden lässt.

Erfahrungsberichte bieten Einblicke, wie andere Menschen sich in krisenhaften Wendezeiten verhalten haben, wie sie ihr Leben in der Hand behalten konnten oder mit empfundener Aussichtslosigkeit zurechtkamen. So erhalten wir beim Lesen erste Handlungsideen. Auch wenn die beschriebenen Ideen für unsere Person gar nicht in Frage kommen sollten, können wir im Ablehnen weiter forschen, was denn alternativ für uns passender wäre. In derartigen Reibungen bilden sich eigene Konturen aus.

Literatur lädt uns in fremdes Leben ein, lässt uns emotional daran teilhaben und kann uns eigene Empfindungen entschlüsseln helfen. Hier wird vielleicht etwas formuliert, zu dem ich erst hinwachse. Es werden mir Erfahrungen gezeigt, an denen ich mein Leben aus anderem Blickwinkel betrachte und meine Situation nochmals überdenke. Der Widerhall eines Buches in mir wird so zum Wegweiser meiner ureigenen Expedition durch neue Entwicklungsregionen.

Bibliotherapie

Bibliotherapie ist eine künstlerische Therapieform, die sich mit dieser Heilkraft der Sprache verbündet (Wilson, 1971; Petzold und Orth, 2005). Es ist nachgewiesen, dass Lesen von beruhigender, bestärkender und aufbauender Literatur bei Problemlösungen unterstützt. Lebens- und Schicksalsberichte bieten Identifikationsmöglichkeiten, eigene Einstellungen und Verhaltensweisen zu reflektieren, und bestenfalls bewähren sie sich als Mutmacher, das eigene Leben immer wieder aktiv gestaltend in die Hände zu nehmen.

Auf dem Weg dorthin bietet ein Text möglicherweise Worte, Formulierungen oder Sprachbilder, die sich auf die eigenen Empfindungen anwenden lassen. Vielleicht wird hier etwas artikuliert, das mich unmittelbar angeht und ich bisher noch nicht so wahrgenommen habe. »Lies viel, lies begeistert, lass dich von deinem Instinkt und nicht von einer Norm leiten«, rät uns die Schriftstellerin Joyce Carol Oates (2006, S. 114).

Und nicht selten bietet Literatur dann eine Brücke zum eigenen Schreiben, gibt Vorlagen, von mir zu schreiben, meine Situation zu beschreiben und mich wieder aktiv kreativ zu erleben.

Schreibend oder lesend – im Mittelpunkt steht der durch Schrift ermöglichte Reflexionsprozess, als Strukturierung der Welt oder ihrer Bedeutungszuschreibung. Lesen beschränkt sich ja nicht auf rezeptive Akte, sondern erlaubt in Gestalt der »unterschiedlichen Lesarten von Texten sehr wohl kreative Aneignungsformen und aktives Eingreifen und Gestalten« (Moores, 1993, S. 281).

Der Begriff *Bibliotherapie* umfasst jede Nutzbarmachung des Lesens zu therapeutischen Zwecken, unabhängig davon, ob es sich um Sachtexte, Aufklärungsbroschüren, Ratgeber, Biografien oder schöngeistige Literatur handelt. Literatur kann mich beruhigen oder deren Inhalte laden mich ein, mich mit ihnen zu identifizieren, denn »Persönlichkeitsentfaltung und Lektüre bedingen sich gegenseitig« (S. 33). Diese Wirkung ist schon sehr lange bekannt, Medizinmänner setzten geschriebene Worte als Heilmittel ein und religiöse Schriften aller Gesellschaften enthalten poetisch formulierte Menschheitserfahrungen, die als heilend, ratstiftend oder therapeutisch fungieren. Die griechische Praxis literarischer Selbsterkenntnisse steigerte Augustinus in seinen »Confessiones« zum Geständniszwang, der sich bis heute in die Verpflichtung zur Selbstprüfung fortsetzt, wie sie beispielsweise für Professionelle in psychosozialen, juristischen, pädagogischen und medizinisch-therapeutischen Berufsfeldern gefordert ist.

In der Neuzeit entstehen weitere pädagogisch-therapeutische Bezüge der Literatur. Die Selbstanalyse spielt eine wesentliche Rolle bei Kant und Hegel. Neben disziplinierende Intentionen treten aufklärerische und seit dem Sturm und Drang breitet sich zunehmend die Idee ästhetischer Selbstverwirklichung aus. Literatur im Spannungsfeld von Selbstdisziplinierung und Selbstbewusstsein, zwischen Unterdrückung und Emanzipation ist wohl bis heute eine grundlegende Dialektik.

Gegen Ende des Ersten Weltkriegs werden erstmals Bibliotheken in Militärkrankenhäuser eingerichtet. Schon bald wurde deren Nutzung wissenschaftlich nach psychoanalytischen Konzepten ausgewertet: Lesen als ästhetische Erfahrung durch Identifikation, Übertragung, Katharsis, Einsicht und das Ich im Verhältnis zu anderen Menschen.

In den 1950er Jahren entstanden in den USA Krankenhausbibliotheken mit einem auf Patienten und Patientinnen abgestimmten Angebot und speziell geschulten Bibliothekarinnen. Anwendungsspezifische Tests wurden erstellt, das Interesse an der Leseforschung wuchs.

Sinnstiftendes Lesen als ein zentrales therapeutisches Anliegen der Bibliotherapie umfasst heute die Vermittlung von Informationen und die emotionale Auseinandersetzung mit krankheitsbedingten Einschränkungen. Sie will einen Freiraum für Überlegen und Probehandeln eröffnen, das nicht sofort an der Realität scheitert, sondern sowohl Identifizierung als auch distanzierte kritische Betrachtung ermöglicht, zu Fantasien und Visionen einlädt und Selbstwahrnehmung und Sinnfragen unterstützt. Susan Sontag weist in diesem Zusammenhang darauf hin, dass es nie allein um Identifikation gehen darf, denn dann »untergräbt sie die ›Realität‹ einer Krankheit und bringt seltener Lösungen der Probleme, als dass sie deren Stabilisierung begünstigt.« Dann wäre nicht Entwicklung das Ziel, vielmehr würde ein Einrichten in der Krankheit befördert (Sontag, 1978, S. 60 f.).

»Lesen ist Initiation zum Leben und Anreiz, aber es mit dem Leben selbst zu verwechseln heißt, ihm seine Heilkraft zu nehmen« (Bollmann, 2005, S. 83). Texte sollten Katalysatoren zur Filterung von Emotionen sein und als Lieferanten für Interpretationen und als projektive Instrumente dienen. Als wesentliche bibliotherapeutische Wirkfaktoren gelten heute Erfahrungen, Metaphern, Gleichnisse, die gleichzeitig die Verständnis- und die Gefühlsebene des Lesenden ansprechen und sich mit dessen Lebensstil und Neigungen verbinden, auch und besonders wenn sie mit Formen des Andersseins konfrontieren.

Ergänzend bietet die interdisziplinäre Leseforschung weiterführende Erkenntnisse, denn die Literatur- und Sprachwissenschaft erforscht Leseprozesse und Lesewirkung durch Sprache, Form und Inhalt. Neurowissenschaftlich wird Lesen als physischer Prozess untersucht, dabei besonders die Wahrnehmung von Zeichen und deren Verarbeitung im Nervensystem. Psychologische Ansätze befassen sich mit den kognitiven und emotionalen Prozessen während des Lesens und deren Auswirkung auf die Persönlichkeit. Soziologische und kommunikationswissenschaftliche Betrachtungen berücksichtigen darüber hinaus den lesenden Menschen in seinen sozialen und institutionalisierten Rahmenbedingungen. Die Buchnutzungsforschung fragt, was Lesekompetenz ausmacht, und die Lesesozialisationsforschung, welche Bedingungen Lesekompetenz fördern.

Identifikatorisches Lesen
Relevant für bibliotherapeutisches Arbeiten sind auch Ergebnisse der empirischen Literaturpsychologie, die sich außer mit der Psychologie der Autoren und Autorinnen besonders mit Untersuchungen der Leser bzw. Rezipienten literarischer Texte auseinandersetzt, mit deren Leseakt, bevorzugter Textsorte, Leseort, Lesemotive und Leseintensität. *Ablenkende* und *hinlenkende* Lesemotivation sind dabei nur bedingt brauchbare Kategorien für die erste Leseintention, denn Rückzug aus der persönlichen Belastung und persönliches Befassen, Informieren, Reflektieren ergänzen sich im Lauf der Lektüre – im Aneignen von Welt und Umgang mit der Welt.

Lesen ist ein Teil der Alltagspraxis und wirkt auf diese zurück, unabhängig davon, ob eher die gesellschaftlich dominante Lesart bevorzugt wird, eine diese negierende oder oppositionelle. »Lesen stellt nicht nur Lebensentwürfe in Frage, sondern auch Vorgaben höherer Instanzen wie Gott, Gatte, Regierung, Kirche. Lesen beflügelt die Phantasie, und Phantasie trägt weg aus der

Gegenwart, wohin? Als ließe sich das noch kontrollieren« (Heidenreich, 2005, S. 19). Wer liest, macht sich ein eigenes Bild von der Welt. Mit der Lesefähigkeit entwickeln sich individuelle Verhaltensmuster persönlicher Intimität, öffnen sich Türen ins Neue.

Literatur kann für mich als Leserin Modellcharakter einnehmen, wenn ich mich in Protagonisten wiedererkenne und deren dargestellten Probleme, Gedanken und Empfindungen mir nur allzu vertraut sind. Lesen bedeutet, »sich in die zu Papier gebrachten Empfindungen eines anderen hineinzuversetzen und dabei den Horizont der eigenen Empfindungsmöglichkeiten auszuloten und zu erweitern« (Bollmann, 2005, S. 71). Denn in Krisenzeiten können uns Plötzlichkeit, Heftigkeit, Entsetzen und Schreck erstarren lassen, wir sind im wahrsten Sinne des Wortes sprachlos. Fremde Worte bieten uns dann einen Schlüssel an »zur Öffnung des persönlichen Gefühlsarchivs« (Heimes, 2010, S. 89), zur persönlichen Spiegelung in fremden Texten und zum inneren Diskurs, der Zersprengtes neu zusammenfügt.

Identifikatorisches Lesen umspannt Zustimmung, Selbstdarstellung in Parallelsituationen, Skepsis, Protest, Abwehr, Kritik mitunter bis zur konflikthaften Auseinandersetzung des Lesers mit dem Autor. Widerspricht ein Text meinen eigenen Normen, meinem Rollenverständnis oder ethischen Anspruch, dann mag ich ihn als bedrohlich empfinden. Möglicherweise drängt er mich dazu, Einstellungen zu hinterfragen oder Idealsierungen zu entzaubern. Textverstehen und Introspektionen gehen Hand in Hand.

Hier lassen sich Lesen und Schreiben gewinnbringend verbinden, beispielsweise im Schreiben von Parallelgeschichten. Der gelesene Text findet darin Widerhall und entlastet, denn als Lesende bin ich mit meinen Empfindungen nicht mehr allein, erfahre mich in einer Solidargemeinschaft mit dem Autor, fühle mich berührt, kann Stummheit und Isolation durchbrechen. Die Wahrnehmung meiner eigenen Lebens- und Familiengeschichte wird geschärft, Abgespaltenes bewusst oder, wie es Sigmund

Freud formuliert, dass »der eigentliche Genuß des Dichtwerks aus der Befreiung von Spannungen unserer Seele hervorgeht. Vielleicht trägt es zu diesem Erfolg auch nicht wenig bei, daß uns der Dichter in den Stand setzt, unsere eigenen Phantasien nunmehr ohne jeden Vorwurf und ohne Schamgefühl zu genießen« (Weinmann, 1998, S. 237). Poetische Texte uralter Menschheitserfahrungen, archaischer Konflikte und Träume vermögen immer wieder kollektive und individuelle Tiefen zu beleuchten, sie in Worten erfahrbar werden zu lassen und neu zu gestalten. Darin liegt ihr therapeutisches Potenzial.

Schreibimpuls *Schreiben nach literarischer Vorlage*
(Haußmann und Rechenberg-Winter, 2014)
Verbinden Sie bibliotherapeutische und poesieorientierte Formen. Wie wär's? Schreiben Sie ein Gedicht im vorgeschlagenen Rhythmus zu einem Ihnen bedeutsamen Thema.

> **Ich bin ein Pilger ...**
> »Ich bin ein Pilger, der sein Ziel nicht kennt;
> der Feuer sieht und weiß nicht, wo es brennt;
> vor dem die Welt in fremde Sonnen rennt.
>
> Ich bin ein Träumer, den ein Lichtschein narrt;
> der in dem Sonnenstrahl nach Golde scharrt;
> der das Erwachen flieht, auf das er harrt.
>
> Ich bin ein Stern, der seinen Gott erhellt;
> der seinen Glanz in dunkle Seelen stellt;
> der einst in fahle Ewigkeiten fällt.
>
> Ich bin ein Wasser, das nie mündend fließt;
> das tauentströmt in Wolken sich ergießt;
> das küßt und fortschwemmt weint und froh genießt.

Wo ist, der meines Wesens Namen nennt?
Der meine Welt von meiner Sehnsucht trennt?
Ich bin ein Pilger, der sein Ziel nicht kennt.«
Erich Mühsam

Das Eigene und das Andere in der Lyrik

Rhythmus, Versmaß, Reim – das mögen Ihre ersten Gedanken zu Lyrik sein. Doch Gedichte sind jede Erscheinungsform von Dichtung in Versen. Sie verknappen und vertiefen mit sprachlich versierter Verkürzung und ergeben damit einen besonderen Ton. Lyrik wird oft als Urform der Dichtung bezeichnet, denn im europäischen Kulturraum gelten die Griechen als ihre Urheber. Sie griffen zur Leier (*lyra* = griech. Leier) und begleiteten damit ihr Wort in Gesängen.

»Nur besteht die Kunst des Dichters nicht darin, seine Empfindungen oder Gedanken in Reime zu kleiden, sondern in seiner Fähigkeit, Sätze, Worte und Reimwörter so zu reihen, dass sie Gedanken oder Empfindungen suggerieren, im Glücksfall sogar produzieren« (Gernhardt, 1978, S. 76). In dichter und treffender Form fasst Lyrik Innenwelten in Worte, um unaussprechlichen Eindrücken Ausdruck zu verschaffen.

> **»Auf den Tod ihres Bruders**
> Wir waren gleich zwei Stämmen aus einer Wurzel Grund,
> schön wachsend, wie nur immer ein Baum auf Auen stund.
> Und als man von uns sagte: ›Schon sind sie lange vereint,
> nun ist ihr Schatten lieblich, und ihre Frucht erscheint!‹
> Da riß des Schicksals Tücke meinen Einzigen von mir:
> Oh, was verschont das Schicksal und läßt es dauern hier!
> Wir waren Sterne von einer Nacht, und er
> Ein Mond, die Nacht erleuchtend; nun leuchtet der Mond nicht mehr!«
> *Safijja von Bahila (zitiert nach Hahn, 1992/2008, S. 144)*

Lyrik umfasst ein weites Feld, als Sinnspruch regt sie zum Nachdenken über das eigene Leben bzw. dessen Maxime an, bestätigend, mahnend, aufrüttelnd, richtungsweisend oder ermutigend. »*Gott schließt nie eine Türe, ohne eine andere zu öffnen.*« Gedankensplitter in Form von Aphorismen komprimieren tiefgreifende Lebenserfahrung in einem einzigen Satz. »*Wie das Schauspiel, so das Leben: es kommt nicht darauf an, wie lange es dauert, sondern wie gut es gespielt wurde*« (Seneca). »*Nichts wirkt seelentötender, als gegen das innere Rechtsgefühl das äußere Recht in Anspruch zu nehmen*« (Annette von Droste-Hülshoff). Auch Segenswünsche lassen sich im weiteren Sinn als lyrische Form ansehen. »*Mögen Schatten auf deinem Gemüt sich verflüchtigen wie der Morgennebel an einem Sonnentag*« (Irischer Segen).

Lyrik in alltäglicher Sprache, Mascha Kaléko nannte sie »Gebrauchsgedichte«, bringen wichtige Lebenserfahrungen auf den Punkt, verdeutlichen in ihrer zugespitzten Form all die Suchbewegungen nach sich selbst.

> **»schritt für schritt**
> ich gehe
> auf zwei beinen:
> meinem lachen
> und meinem weinen
> weil ich das zweite
> nicht benützen will
> gerate ich oft
> ins stolpern.«
> *Hans-Curt Flemming (zitiert nach Huck, 1998, S. 248)*

Lyrik ist sicherlich die subjektivste Dichtform, die »unmittelbare Gestaltung innerseelischer Vorgänge im Dichter, die durch gemüthafte Weltbegegnung (Erlebnis) entstehen, in der Sprachwerdung aus dem Einzelfall ins Allgemeingültige, Symbolische erhoben werden und sich dem Aufnehmenden durch einfühlendes Mitschwingen erschließen« (von Wilpert, 1969, S. 27). Ein Gedicht sei ein vieldeutiges und paradoxes »Erfahrungsmodell«, erklärt Hilde Domin (2007), das zugleich rational wie emotional eine bestimmte Lage exemplarisch wiedergebe.

> »Mich ruft der Gärtner.
> Unter der Erde seine Blumen
> sind blau.
>
> Tief unter der Erde
> seine Blumen
> sind blau.«
> *Hilde Domin (zitiert nach Tauschwitz, 2012)*

Weil Angebote des biografischen, kreativen und therapeutischen Schreibens das eigene Schreib-Tun im vielfältigen Versuchen und Erproben aktivieren, gehören auch Schreiberfahrungen mit Lyrik ins Programm professionellen Einsatzes. Schreibimpulse für Verse, Reime, Rhythmen, Metaphern und freie Gedichte können alt eingebrannte Stereotypien wie »Gedichte versteh' ich nicht« überwinden, durch kommunikative Erfahrungen mit sich selbst und anderen ersetzen und neue sprachliche Wirklichkeiten eröffnen. Als individuelle Gestaltung unserer Wahrnehmung und als Form biografischer Vergewisserung lassen sich lyrisch differente Gefühle komplexer Lebenssituationen andeuten. In ihrer komprimierten Form schützen sie auch, denn lyrische Verdichtung lässt sich nicht von Außenstehenden entschlüsseln und birgt so Persönliches, Unaussprechliches, während sie gleichzeitig verbindet. »Die Gegenwart bricht an, wenn der Träger, das Tragen und das Getragene eins werden« (Hemmann, 2015, S. 20).

Schreibimpuls – Gedicht mit elf Worten

Wenn Sie eine Scheu vor Gedichten zu überwinden haben, dann versuchen Sie es doch erst einmal mit einem lyrischen Kleinformat, dem beliebten *Elfchen*. Es besteht nur aus fünf Zeilen, von denen die erste Zeile ein Wort umfasst, die zweite zwei Worte, die dritte drei Worte, die vierte vier Worte, und die fünfte Zeile besteht wieder aus nur einem Wort. Verwirrend? Ich gebe Ihnen gern ein Beispiel, doch bitte lassen Sie sich nicht davon bei Ihrem Elfchen beeinflussen, es dient lediglich zur Illustration:

»Licht
und Wärme
wecken uralte Muster
und verborgenes Wissen in
mir.«

Teil 2: Methodische Werkstatteinblicke

> »Jedes Wesen ist ein Schrei danach,
> gelesen zu werden.«
> Simone Weil

Für die Hopi-Indianer singt die Spinnenfrau die Welt Wort für Wort ins Dasein. Der ägyptische Gott Thot bildet durch Sprache die Welt, in Memphis erschafft der Gott der Handwerker und Baumeister Ptah durch seine Zunge und sein Herz den Sonnengott Atum. Im Johannesevangelium ist am Anfang das Wort. In der Genesis gestaltet Gott die Welt, indem er spricht: *Es werde Licht! Und es ward Licht* (1. Moses 1, 3), und zu Beginn jedes weiteren Schöpfungstages steht das Wort Gottes, gefolgt von der Bestätigung, dass es so geschah.

Diese Mythen bezeugen die kreative Gestaltungsmacht des Wortes und der Rede. Denn es sind Geschichten, die beschreiben, was wir verstehen, wie wir leben und wie wir uns sehen. Wenn wir von unserem Leben erzählen oder es niederschreiben, es *richtigstellen*, dann gestalten wir es. Indem wir auswählen, was wir auf welche Weise und in welchem Zusammenhang berichten, schaffen wir eigene Realitäten. Wir teilen uns mit, indem wir uns erinnern, Erfahrungen wiederholt berichten und damit nochmals durcharbeiten, um für sie einen Platz in unserem Lebensmosaik zu finden, an dem sie eine gewisse Ruhe finden und sich einpassen. Im Erzählen gestalten wir uns selbst als Erzählung, doch nicht nur als Illustration von Gewesenem, sondern in der Entfaltung bis dahin verdeckter Möglichkeiten – bei aller Unabgeschlossenheit und Unabschließbarkeit.

Biografisches Schreiben in der Qualifizierung von Begleitern trauernder Menschen

Menschen, die Menschen in leidvollen und krisenhaften Lebensabschnitten begleiten, kennen das Ringen um die *richtigen Worte,* die selten richtig sind. Denn was ist schon richtig, wenn nichts mehr an seinem richtigen, angestammten Platz ist? Wenn sich der Boden auftut und nicht mehr wie bisher trägt? Wenn, was selbstverständlich war, verschwunden ist und Vertrautes nicht mehr zugänglich ist? Gibt es Trost im Untröstlichen?

Die Qualifizierungskurse für Trauerbergleiter vermitteln neben theoretischem Hintergrund, wissenschaftlicher Einbindung und Selbsterfahrung vielfältige methodische Zugänge und deren Transfer in die Begleitpraxis. In diesem umfassenden Zusammenhang sei auf die aktuelle Literatur von Monika Müller, Sylvia Brathuhn, Matthias Schnegg (2013) und Arnold Langenmayr (2013) verwiesen. An dieser Stelle beschränke ich mich auf kreative Schreibmethoden und Zugänge mittels Literatur, auf »das Festhalten von Augenblicken, das Überführen von Erinnerungen in Sprache, bevor sie zerfallen, und das Fixieren dessen, was nicht vergessen werden darf, in zärtlichen und schrecklichen Bildern« (Berthoud und Elderkin, 2014, S. 15).

Trauerbegleitung zeichnet sich unter anderem durch den Einsatz kreativer Methoden als nachgewiesen wirkungsvolle Interventionen aus. Doch wird biografisches und kreatives Schreiben bisher kaum angewendet. Und das, obwohl bereits Veröffentlichungen vorliegen zu Einsatzmöglichkeiten kreativer Schreibmethoden in der Psychotherapie und deren nachgewiesener therapeutischer Wirksamkeit und auch in der Selbstfürsorge der Psychotherapeuten. Das sollten wir ändern!

Self Care

Menschen, die mit Menschen arbeiten, entwickeln eine besondere empathische Schwingungsfähigkeit, die sie im Lauf ihrer Berufsjahre überfordern kann. Es sei denn, es gelingt ihnen, neben hoher Achtsamkeit für ihre Klientel in gleichem Maße auch Selbstachtsamkeit zu entwickeln, das heißt, angemessen Nähe und Distanz auszuloten, geeignete Räume zur Verfügung zu stellen und gleichzeitig Grenzen zu halten (Fengler, 1998; Conen, 2006). Kreatives Schreiben stellt für Professionelle förderliche Methoden bereit, um im heilsamen Kontakt mit sich zu bleiben bzw. diesen (wieder) herzustellen.

Untersuchungen von Pennebaker (2010) belegen diese Wirksamkeit bei Patienten, und es ist davon auszugehen, dass sich diese Ergebnisse auf die sie Begleitenden übertragen lassen. Untersuchungen zur professionellen Entwicklung von Psychotherapeuten über die Lebensspanne (Jeschke und Wolff, 2010) zeigen, dass die persönliche und professionelle Entwicklung dieser Berufsgruppe stärker ineinandergreifen als in anderen. Heilendes Engagement in der praktischen Arbeit und erlebtes (persönliches) Wachstum stehen in positiver Wechselwirkung zueinander. Einschlägige Literatur verweist auf die (selbst-)therapeutische Wirkung des kreativen und besonders des biografischen Schreibens (Biniek, 1982; Koch und Keßler, 1998a, 1998b) in der Auseinandersetzung mit der eigenen Person.

Dabei liegt auch hier wieder die Betonung auf dem Prozessgeschehen, einem *work in progress* individuellen Ausdrucks sinnlicher und reflexiver Wahrnehmungen. Während des Schreibens aufleuchtende Ideen, Kräfte und Ressourcen legen als eine »Performation der Persönlichkeitsentfaltung (…) Spuren in die Poesie des eigenen Lebens« (Mischon, 2010). Deshalb sind alle Texte als Ausdruck situativen Erlebens zu würdigen. Der Prozess steht im Mittelpunkt und weniger das Produkt.

Kräfte, Kompetenzen, Ressourcen in Trauersystemen entdecken und stärken

Jeder existenzielle Verlust hinterlässt nicht nur den Trauernden, sondern eine Vielzahl erschütterter, betroffener und beeindruckter Menschen, die in den diversen Bezugssystemen mit dem Trauernden verbunden sind.

Wir Menschen sind als Beziehungswesen angelegt und entsprechend familiär, freundschaftlich und professionell vernetzt. Und diese Netze geraten bei Veränderungen sofort in Schwingung, denn das Erleben und Verhalten eines Einzelnen bewegt nicht nur ihn, sondern er bewegt die anderen (siehe Arbeit mit der Netzwerkkarte, S. 78 ff.). Folglich wirkt Trauerbegleitung über die von uns begleiteten auch auf die mit ihnen verbunden Menschen, und das haben wir verantwortungsvoll im Blick zu behalten (Rechenberg-Winter und Fischinger, 2010).

Trauerbegleitung fokussiert im Kontext der Würdigung des bedeutsamen Verlusts besonders die resilienten Kräfte, die Fähigkeiten, Fertigkeiten, Potenziale und Einbindungen also, die es dem trauernden Menschen ermöglichen, seinen Trauerprozess zu durchleben und langfristig daran zu wachsen. *Gedeihen trotz widriger Umstände* (Welter-Enderlin und Hildenbrand, 2006) bedeutet auch *Sich-Entwickeln an widrigen Umständen,* um sie als persönlichkeitsprägendes Erleben langfristig in die eigene Biografie zu integrieren, so wie es auch Erik H. Erikson (1973) für die letzte Lebensphase seiner entwicklungspsychologischen Identitätstheorie (Stufenmodell der psychosozialen Entwicklung) beschreibt. Er bezeichnet deren Lebensaufgabe als *Integrität versus Verzweiflung und Ekel* und beschreibt, dass wir im letzten Lebensabschnitt vor der Aufgabe stehen, auf unser Leben zurückzublicken, anzunehmen, was wir taten und was wir geworden sind, und unser einzigartiges Leben so anzunehmen trotz aller Fehler und mit all dem Glück, das wir darin erkennen können.

Trauernde Menschen verlieren oftmals den Zugang zu diesen Kompetenzen. Ihre Aufmerksamkeit und Energie richten sich auf das Verlorene, auf all das, was sie vermissen, herbeisehnen, realisieren und durchschmerzen. Und sie erleben sich alles andere als kompetent.

Um diese Ressourcen aufzuspüren, haben sich folgende Leitfragen bewährt:

- Wer und was hilft mir, in der aktuellen Situation zu bestehen?
- Auf welche meiner Stärken kann ich (zumindest ansatzweise) zurückgreifen?
- Was schätzen/bewundern meine Verwandten, Freunde, Kollegen an mir?
- Wann habe ich (früher und in letzter Zeit) diese Stärken/Kompetenzen besonders stark und wohltuend erlebt?
- Was habe ich dafür getan?
- Was habe ich in dieser Situation gefühlt?
- Was habe ich dabei an mir besonders geschätzt?
- Welche Reaktionen erlebte ich bei den anderen Beteiligten?
- Welche Reaktionen erlebte ich bei denen, den ich davon berichtete?
- Wie könnte ich das wiederholen?

Diese stärkenden Aspekte, die jede Trauerbegleitung berücksichtigt, lassen sich auch gut schreibend bearbeiten. Dabei können Sie zu einzelnen Fragen Schreibimpulse entwickeln (wie in Teil 3 beschrieben). Einen umfassenderen Schreibimpuls, den ich sehr gern in diesem thematischen Zusammenhang einsetze, stammt von Silke Heimes, und ich zitiere:

»J. W. Goethe hat geschrieben: ›Ich glaube, dass wir einen Funken jenes ewigen Lichtes in uns tragen, das im Grunde des Seins leuchten muss, und welches unsere schwachen Sinne nur von Ferne ahnen können. Diesen Funken in uns zur Flamme werden zu lassen und das Göttliche in uns zu verwirklichen, ist unsere höchste Pflicht.‹ Nehmen Sie ein Blatt Papier und schreiben Sie über diesen Funken. Fragen Sie sich (…) ob die Flamme noch brennt oder ob Sie das Feuer haben ausgehen lassen. Versuchen Sie sich zu erinnern, wann Sie den Funken, die Flamme, zuletzt gespürt haben. Beschreiben Sie möglichst genau, in welcher Situation das war. Finden Sie ein einziges Wort, das den Funken in Ihnen am besten benennt, und bilden Sie aus diesem Wort ein Cluster« *(Heimes, 2008, S. 106 f.).*

Das systemische Schreibwirkmodell
Neben den klassischen Schreibübungen und umfangreichen Schreibempfehlungen der Fachliteratur, von denen sich einige auch speziell in der Trauerbegleitung einsetzen lassen, ist es für Sie unerlässlich, selbst Schreibimpulse zu entwickeln. Jedes Anliegen der sich uns anvertrauenden Trauernden ist ein ganz individuelles, das sich in jeder Begegnung in immer wieder neuen Facetten zeigt. Diese sensibel und akzeptierend aufzunehmen, ist unsere Aufgabe. In dieser Orientierung am Du haben wir unsere Interventionen maßgeschneidert auszuwählen bzw. zu entwickeln. Das Schreibwirkmodell gibt Ihnen eine Orientierung, welche Aspekte zu berücksichtigen sind.

Die Schreibübungen dieses Buches sind nach der Systematik des systemischen Schreibwirkmodells© (Haußmann und Rechenberg-Winter, 2013, S. 35 ff.) aufgebaut. Ausgehend von einem Thema (Feld der *Herausforderung*) lade ich Sie mit dem folgenden Schreibimpuls ein, dieses mit kreativen Schreibmethoden zu bearbeiten (Feld der *Kreativität*). Die gewonnenen Erkenntnisse bzw. Ergebnisse sind dann interaktiv mit sich selbst *(Akteur A)* und/oder anderen *(Akteur B)* zu entwickeln (Feld der *Interaktion)*, um anschließend den eigenen Entwicklungsweg dieser Schreibübung nachzuvollziehen (Feld der *Ressource)*. Mit dem kurzen Schreibimpuls *Wenn ich schreibe …* können Sie Ihre ersten Umsetzungsschritte bei sich selbst und in der

Trauerbegleitung erkennen und reflektieren, wie diese sich mit dem Schreibwirkmodell verbinden lassen.

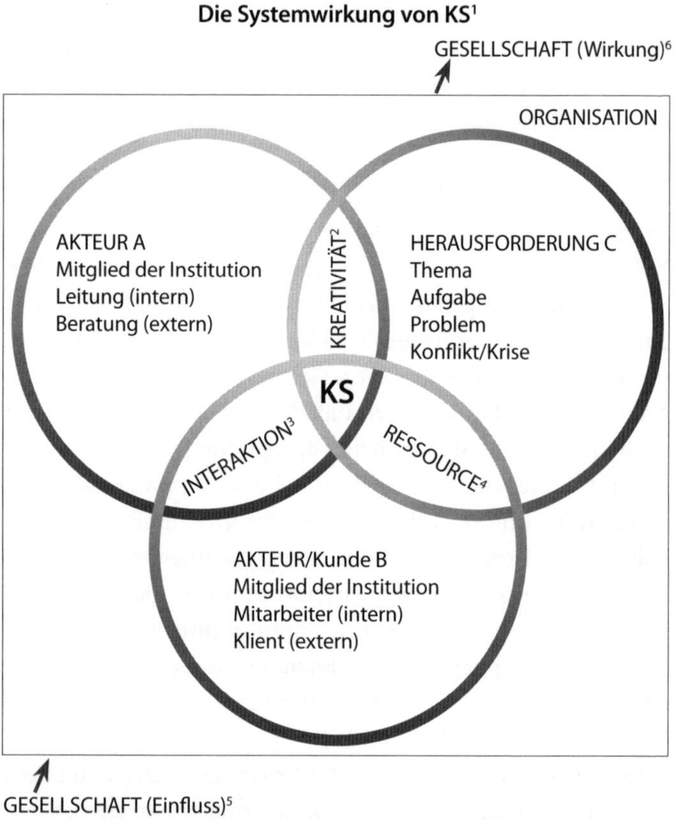

Die Systemwirkung von KS[1]

GESELLSCHAFT (Wirkung)[6]

ORGANISATION

AKTEUR A
Mitglied der Institution
Leitung (intern)
Beratung (extern)

KREATIVITÄT[2]

HERAUSFORDERUNG C
Thema
Aufgabe
Problem
Konflikt/Krise

KS

INTERAKTION[3]   RESSOURCE[4]

AKTEUR/Kunde B
Mitglied der Institution
Mitarbeiter (intern)
Klient (extern)

GESELLSCHAFT (Einfluss)[5]

[1] KS meint Kreatives Schreiben
[2] KS kann analysieren (Inspiration), rekonstruieren (Inkubation), erkennen (Illumination)
[3] KS ist Kommunikation (mit sich selbst, mit anderen, mit Herausforderungen)
[4] KS bewirkt Selbstwirksamkeit, Handlungsbereitschaft und Engagement (Verifikation)
[5] Einfluss auf Bedingungen (Gesellschaft, Wirtschaft, Politik)
[6] Wirkung auf Bedingungen (Gesellschaft, Wirtschaft, Politik)

Abbildung 1: Das systemische Schreibwirkmodell

Schreibimpuls *Horoskop*
Ziel: spielerischer Zugang zu den eigenen Wünschen, um die dahinterstehenden Entwicklungsimpulse herauszuarbeiten
Zeit: ca. 1 Stunde
Ablauf:
- *Herausforderung:* An kalendarischen Wendepunkten (Jahreswechsel, Geburtstag, Jubiläum etc.) erleben wir die Offenheit der Zukunft deutlicher, sind sensibler für das filigrane Leben und spüren stärker, wie gering unser Einfluss aufs Schicksal ist. Das ist mit weniger oder mehr Angst besetzt, mit Unruhe, Sorgen oder eventuellen Befürchtungen neben Aufbruchstimmung und Freude aufs Neue. Zur magischen Angstabwehr versuchen wir, uns ein wenig Sicherheit zu verschaffen, indem wir beispielsweise Tarotkarten ziehen oder Horoskope aufmerksamer als sonst lesen.
- *Impuls:* Erstellen Sie ein Horoskop zum kommenden/beginnenden Jahr zu den Kriterien, die aktuell für Sie persönlich bedeutsam sind, wie zum Beispiel Beruf, Partnerschaft, Gesundheit, Finanzen, Wohnen. Sie können frei schreiben. Dafür haben Sie zehn Minuten Zeit. Markieren Sie nun in Ihrem Text einen vorrangigen (Entwicklungs-) Wunsch an die kommende Zeit. Mit diesem Wunsch treten Sie dann in eine innere Beziehung zu einem Ihnen sehr wohlwollend gesinnten Menschen (reale Person, Vorbild oder Ähnliches). Imaginieren Sie dessen Ideen dazu, eventuell seine Warnungen, Empfehlungen oder Ermutigungen. Diese schreiben Sie in einem intuitiven Brief aus der Sicht dieses Menschen an sich selbst. Sie haben fünfzehn Minuten Zeit.
- Abschließend reflektieren Sie bitte Ihre Erfahrungen und Erkenntnisse dieser Übung mit dem Impuls »Wenn ich schreibe ...«. Dafür nehmen Sie sich die Zeit, die Sie benötigen, um jetzt ihren gesamten Schreibprozess anhand des Schreibwirkmodells zu spiegeln und eventuelle Anregungen entdecken, die Sie dann mit in die Entwicklung nehmen: Welche konkreten Umsetzungsschritte könnten Sie, so Sie es denn wollten, wann umsetzen?

Klassische Schreibmethoden mit Praxisbeispielen

Mit den Klassikern Clustering, Automatisches Schreiben und Mindmapping können Sie sich allen Themen nähern. Alle drei aktivieren unsere kreativen Seiten, verknüpfen emotionales Empfinden mit Gedanken und helfen, in tieferen Schichten Vergrabenes zu bergen. Sie dienen der persönlichen Materialsammlung zu einem Thema, mit dem sich dann bei den einzelnen Schreibimpulsen weiter arbeiten lässt.

Und ganz nebenbei, wenn Ihre Gedanken blockieren, Sie glauben, keinen einzigen Satz mehr aufs Papier zu bringen, und Ihnen partout nichts Schlaues mehr einfällt, dann strengen Sie sich bloß nicht weiter an. Spielen Sie! Schauen Sie aus dem Fenster und schreiben zum Ersten, das Sie dort erblicken, einige Minuten im Automatischen Schreiben. Schon verflüssigen sich die Hindernisse und neue Gedanken melden sich. Oder Sie versuchen es mit Clustering, indem Sie sich von Ihrem Thema ausgehend assoziativ treibend selbst überraschen. Und auch per Mindmapping lässt sich mühelos erkunden, was so alles in Ihnen steckt.

Clustering

(engl. *cluster*: Büschel, Traube, Anhäufung) ist eine Möglichkeit, bildliches (rechtshemisphärisches) mit begrifflichem (linkshemisphärischem) Denken schreibend zu verknüpfen. Gabriele Rico entwickelte auf dem Hintergrund neurophysiologischer Erkenntnisse diesen kreativen Schreibzugang, um dem bildlichen Denken auf die Spur zu kommen: »Clustering, das Knüpfen von ›Ideennetzen‹, ist ein (…) ›Zauberschlüssel‹. Es ist der erste entscheidende Schritt, der uns hilft, unser logisches, auf Ordnung bedachtes begriffliches Denken zu umgehen und mit der Welt der Tagträume, des ziellosen Denkens, der im Gedächtnis aufbewahrten Ereignisse, Bilder und Gefühle in Berührung zu kommen« (Rico, 1984/2004, S. 27).

Klassische Schreibmethoden mit Praxisbeispielen

Cluster entfalten sich um ein Kernwort herum, das den Mittelpunkt bildet. Vergleichbar einem Stein, der ins Wasser fällt und Kreise zieht. Es ist die Kurzschrift bildlichen Denkens.

Sie beginnen mit dem Kernbegriff, den sie auf eine leere Seite schreiben und mit einem Kreis umgeben. Dann lassen Sie sich treiben, ohne sich zu konzentrieren, sondern Sie folgen assoziativ den Einfällen, Bildern, Gedankenverbindungen, die Sie ums Kernwort herum anordnen. Nehmen Sie eine spielerische Haltung *entspannter Empfänglichkeit* ein.

Sollte Ihnen vorübergehend nichts mehr einfallen, kein Problem, malen Sie Pfeile oder ziehen Sie Linien dicker oder ... bis neue Einfälle kommen. Wichtig: Es gibt kein Richtig und damit auch kein Falsch, Ihr Cluster ist das jetzt angemessene. Alles ist erlaubt.

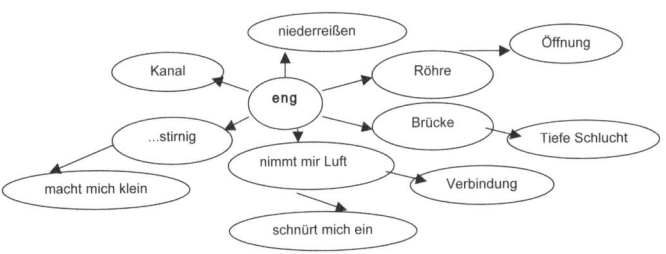

Abbildung 2: Cluster

Schreibimpuls *Clustering*

- Wählen Sie einen ungestörten Platz und ruhigen Zeitpunkt, planen Sie ca. zehn Minuten ein.
- Schreiben Sie ein für Sie interessantes Kernwort in die Mitte des Blattes.
- Machen Sie sich mit dem Clustering-Verfahren vertraut, indem Sie in der Haltung kindlicher Neugier Ihre Assoziationen staunend notieren. Bewerten Sie nicht, denn das ist hier nicht der richtige Platz dafür.
- Lassen Sie Wörter, Redewendungen, Zitate etc. nach außen strahlen, umkreisen Sie jeden Begriff, verbinden Sie mit Pfeilen (Richtungsanzeige) oder Linien.

- Wenn Sie eine Richtung, einen Kristallisationspunkt wahrnehmen, markieren Sie ihn und sammeln Sie weiter Ihre Einfälle.
- Haben Sie das Empfinden, vorerst alles zusammengetragen zu haben, betrachten Sie Ihr Cluster und markieren Sie die Begriffe, die Sie in einer besonderen Weise anzupfen. Diese ergeben ein sogenanntes Bedeutungsnetz, das Sie als Grundlage Ihres weiteren Schreibens nutzen können. Möglicherweise eröffnet es Ihnen aber auch ganz neue Ideen, denen Sie mit einem weiteren Cluster oder gleich schreibend nachgehen möchten.
- Beginnen Sie nun mit dem Schreiben eines Textes oder eines Gedichts.
- Nutzen Sie die reichhaltige Sammlung Ihres Clusters, um aus dem Kristallisationspunkt oder einem Begriff, der Sie jetzt besonders anspricht, eine *Miniatur* zu schreiben. Nutzen Sie dabei die Fülle Ihres Clusters und die Assoziationen, die sich während des Schreibens dazugesellen.
- Sollten Sie beim Schreiben nicht weiterwissen, nutzen Sie Ihr Cluster, um mit einem anderen Begriff weiterzuschreiben.
- Schreiben sie acht Minuten.
- Beenden Sie Ihren Text, indem Sie noch einmal zu Ihren einleitenden Worten zurückkehren, einen wesentlichen Gedanken aufgreifen und mit Ihrem Schluss verbinden.
- Lesen Sie sich das Geschriebene laut vor. Lassen Sie sich einige Minuten Zeit für Veränderungen und Korrekturen, bis Sie das Gefühl haben, dass das, was in Ihrer Miniatur steht, für Sie dort stimmig hineingehört.

Frau A lernte ich während meiner Tätigkeit in einem Palliativzentrum kennen. Wir sind uns nur einmal persönlich begegnet, denn sie wohnte weit entfernt, und ihr Partner, der zu dieser Zeit auf der Palliativstation lag, verstarb kurz nach unserer Begegnung. Sie wirkte auf mich sehr aufgeregt und sagte, dass sie in großer Sorge sei. Alles gehe so schnell, kaum habe ihr Partner seine lebensverkürzende Diagnose erhalten, schon liege er todkrank in diesem bedrohlichen Krankenhaus und ihr bleibe

nur, bei ihm auszuhalten und abzuwarten. Sie erzählte, dass sie wieder mit dem Tagebuchschreiben begonnen habe, um wenigstens ein paar wenige der verwirrenden Eindrücke und Erlebnisse zu sortieren. Ich bot ihr einen Schreibimpuls an, den sie gern aufgriff. Ich bat sie ein für ihre aktuelle Situation treffendes Kernwort zu notieren. Sie wählte *Schreck* und *Hoffnung*. Um beide Begriffe legte sie ein Doppel-Cluster an, markierte dann ihr Bedeutungsnetz. Davon ausgehend schrieb sie fünf Minuten, ohne den Stift abzusetzen (Freewriting), einen assoziativen Text. Nachdem sie ihn für sich gelesen hatte, meinte sie, dass dies ja völlig chaotisch sei. Ich schlug ihr vor, zentrale Elemente in einem Gedicht zu ordnen. Zu ihrer eigenen Überraschung folgte sie ihrem spontanen Impuls, das Gedicht mit *Vision* zu überschreiben.

»Visionen
Blaue Blüten
Auf Krankenhausfliesen
Sorgen sitzen in Seilbahnen
Auf dem Weg
Flügelhemden
Schweben vorbei
Der Himmel war blau heute
Auf dem Weg«

Automatisches Schreiben – Écriture automatique
Automatisches Schreiben ist eine der spezifischen Methoden des literarischen Surrealismus, entwickelt von André Breton und Philippe Soupault (Les champs magnétiques, 1919; Breton, Erstes Manifest des Surrealismus, 1924).

Ausgehend vom psychoanalytischen Ansatz Sigmund Freuds wird schreibend die Konzentration nach innen gelenkt und Visionen, Halluzinationen, Assoziationen werden aus dem

Unbewussten, Traumhaften ins Bewusstsein gehoben, sozusagen als eine *poetische Exkursion vom Ich zum Es*. In freier Assoziation von Worten, Bildern, Räumen wird nicht nach Sinn und Bedeutung gefragt, sondern die Entfaltung der Fantasie steht im Vordergrund. Die Schnelligkeit des Schreibens legt tiefere Schichten des Bewusstseins frei. Kontrolle und Selbstzensur werden mittels Tempo spontan überlistet. Alles, was in den Sinn kommt, wird aufgeschrieben.

Schreibimpuls *Wenn ich schreibe ...*
»Beschaffen Sie sich Schreibzeug, setzen Sie sich an einen Platz, wo Sie sich möglichst ungestört in sich selbst versenken können, entspannen Sie sich völlig, seien Sie ganz passiv und so hinnehmend und aufnahmebereit wie möglich! Lassen Sie sich nicht durch den Gedanken an Ihre etwaige Genialität beirren!

Sehen Sie von Ihren eigenen und den Talenten aller anderen Menschen ab!

Sagen Sie sich eindringlich, daß die Schriftstellerei der trübseligste Weg ist, der zu allem führt!

Schreiben Sie rasch nieder, was Ihnen einfällt, und besinnen Sie sich gar nicht auf ein Thema!

Schreiben Sie so schnell, daß Sie sich überhaupt nicht versucht fühlen, vom schon Geschriebenen etwas behalten zu wollen oder es noch einmal durchzulesen!

Der erste Satz kommt Ihnen ganz von selbst. Wie es mit dem zweiten geht, läßt sich zwar schon schwerer sagen (...) Doch machen Sie sich darüber keine Sorgen! Schreiben Sie einfach unentwegt weiter! Verlassen Sie sich ganz auf die Unerschöpflichkeit des Wisperns, Raunens und Murmelns in Ihnen! Und wenn dies doch einmal zu verstummen droht, etwa weil Sie über einen Schreibfehler stolpern (...) oder ein Wort, das Sie schrieben, Ihnen äußerst befremdlich vorkommt, dann schreiben Sie einfach irgendeinen Anfangsbuchstaben, z. B. ein L, gerade immer nur ein L, und stellen die anfängliche Willkürlichkeit dadurch wieder her, dass Sie dieses L dem beliebigen Wort, was Ihnen sogleich in die Feder fließen wird, als Anfangsbuchstaben aufnötigen« *(André Breton in Nadeau, 1986, S. 64).*

Bitte schreiben Sie sieben Minuten ohne Pause zum Thema *Wenn ich schreibe …* Setzen Sie den Stift nicht ab. Bei Stockung beginnen Sie mit dem ersten Satz, dem Thema oder einem L erneut. Der Schreibfluss setzt dann wieder ein.

Herr B nahm an einem Wochenendkurs für trauernde Menschen teil. Biografisches Schreiben war ein Element, das wir nur einmal einsetzten. Herr B berichtete der Gruppe vom Tod seines Partners, der etwa ein Jahr zurückliege. Er fühle sich völlig heimatlos, ein Gefühl, das er seit Kindertagen kenne. Sein Vater, erfolgreicher Manager eines internationalen Konzerns, habe in vielen Ländern gearbeitet und seine Frau mit Sohn habe ihn stets begleitet. So sei er in England geboren, habe seine Kindheit in München und Singapur verbracht, bis er die letzte Schulzeit in einem englischen Internat verbracht habe. Zum Studium sei er kurz in den USA gewesen, dann in München. Dort beschloss er, sich beruflich niederzulassen. Doch dann begegnete er seiner Lebensliebe und entschloss sich, zu ihm nach Frankfurt zu ziehen. Sein Partner sei damals bereits krebserkrankt gewesen, doch beide hätten sich hoffnungsvoll mit der guten Prognose verbündet und ganz aufeinander bezogen zusammen gelebt. Nach sieben Jahren verstarb sein Partner, und seitdem fühle er sich in jeder Hinsicht erschreckend heimatlos und wisse überhaupt nicht mehr, wo er in diesem Leben Fuß fassen könne.

Auf meinen Schreibimpuls reagierte er anfangs skeptisch. Das Automatische Schreiben fiel ihm jedoch leicht, und nach einer vergleichsweise kurzen Zeit der Überarbeitung erklärte er, dass er von seinem Text außerordentlich überrascht sei. Er hätte nie geglaubt, dass er eine solche Story fabrizieren könne.

»Hinter der Glaswand
Sehnsuchtszart berühre ich die kalte Trennwand aus Panzerglas, zum Greifen nah die unerreichbare Alternative.

Wie eine schwere Ankerkette, die kraftvoll am Schiffsbug aufgeholt wird, zieht mich (wieder einmal) diese verlorene Welt in ihren Bann:

Ich stehe im Wohnzimmer meines Zuhauses, endlich beheimatet in meiner Selbst-Beheimatung, und blicke in die Weite, den Seewald hinter dem sanft-hügeligen Drachenrücken und die hektischen Wolkenerzählungen am fliehenden Himmel.

Aufziehendes Gewitter von Westen, düstergrau von stechenden Silberblitzen durchzuckt. Eine undurchsichtige Regenwand schiebt sich unbarmherzig vorwärts, bis sie auch meine Bühne ertränkt.

Unerreichbar dieser plastisch-lebendige Lebensentwurf, mein heiteres Sein, das ich selbstzerstörerisch in die andere Waagschale zur Liebe warf. Das ist der Weise Richter, der sie mir unbarmherzig aus der Hand schlug.«

Mindmapping

Tiefe Gefühle sortieren, komplexe Gedankengänge strukturieren, verschüttetes Wissen bergen, Ideen einfangen oder Details ermitteln, das Mindmapping eignet sich dafür hervorragend. Tony Buzan (2005) entwickelte diese Gedankenlandkarte, um Assoziationsketten zu einem Schlüsselbegriff anzuregen und diese in eine entstehende verästelte Kategoriebildung einzuordnen. Diese Methode mit systematischen Verknüpfungen regt eher unsere kognitiven Seiten an, während Clustering mehr die spielerischen stimuliert.

Klassische Schreibmethoden mit Praxisbeispielen 67

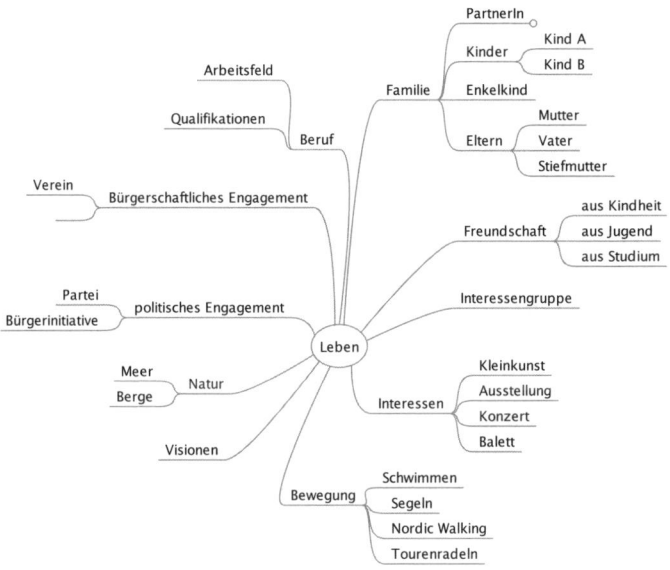

Abbildung 3: Mindmapping

Schreibimpuls *Mindmapping*
Welcher Gedanke, welches Thema beschäftigt Sie aktuell besonders? Notieren Sie einen Schlüsselbegriff in der Mitte eines mindestens DIN-A3-großen Blattes, reihen Sie weitere Schlüsselwörter aneinander, bilden Sie Überschriften, die Sie nun ihrerseits weiter anregen und zu weiteren Verbindungspunkten führen. Verästeln sie diese in Unterpunkte und lassen Sie eine Vernetzungskarte entstehen, die Ihnen als Materialsammlung dient, Ihr Thema weiter zu bearbeiten.

Frau C und ihr Ehemann meldeten sich bei mir zu Paargesprächen. Frau Cs Mutter war verstorben, nachdem sie seit einundhalb Jahren im Haus der Familie C gelebt und vor allem von Frau C gepflegt worden war. Zwar war auch ein Pflegedienst einbezogen gewesen, doch habe im Nachhinein Frau C das Gefühl, sich Tag und Nacht gesorgt zu haben.

Her C und Frau C sind beide in ihrem Beruf engagiert. Zwei gemeinsame Kinder sind erwachsen und leben ihr eigenes Leben. In letzter Zeit komme es immer wieder zu heftigen Spannungen zwischen Frau und Herrn C, inzwischen haben diese ein sie beunruhigendes Ausmaß angenommen. Das habe einige Zeit nach dem Tod der Mutter begonnen, genau genommen, nachdem der Nachlass weitgehend geregelt war und endlich wieder so etwas wie Ruhe im ohnehin bewegten Leben eingekehrt sei. Trotz der Erleichterung fehle beiden die Mutter, denn sie habe immer einen besonderen Platz in der Familie eingenommen und sei eine liebevolle Großmutter gewesen.

Im Rahmen der Auftragsklärung bitte ich beide, ihre zentralen Ziele als Mindmap zu sammeln und diese anschließend in einem persönlichen Motto für unsere Paargespräche zu formulieren.

Frau C:

»Mein Motto
KON FRONT IEREN
miteinander Fronten ausleuchten
In offener Haltung
MICH HALTEN«

Schreibkommunikation

Mit der Schreibkommunikation innerer Anteile haben wir uns bereits beschäftigt, doch betrachten wir nun Auseinandersetzungen mit den Menschen, die nicht (mehr) für Gespräche zur Verfügung stehen, wie bei Ulrikka S. Gernes, und interaktive Schreibgespräche mit Anwesenden.

»ICH MUSS DICH loslassen
muss alleine bleiben
wider das Vergessen mich wehren
und vergessen

mein Leben
setzt deine
Zukunft fort
in meinem Herzen

der verdichtete Himmel deiner Augen
deine Stimme, die Vogelfluglinien der Lippen
wo wir gespielt haben, oder die Spiele
die Pfade, die wir betreten haben, oder
wo wir hinkamen

was werde ich zuerst vergessen
wozu wird das Vergessen mich formen
ohne den Halt in dir

mit allem, was ich bin, werde ich mich dagegenstemmen
ich werde das Werk der Erinnerung sein
dich wie eine Geisel halten
und du wirst mir entfliehn
und ich spüre es schon
in der offenen Ader des Lichts«
Ulrikka S. Gernes (2011, S. 6)

Für die Schreibkommunikation mehrerer Menschen eignet sich die Wandzeitung; sie ist eine der bekannteren Formen. Die Beteiligten tragen ihre Gedanken und Anmerkungen unter einer bestimmten Überschrift auf einem großen Blatt Papier schreibend zusammen, ohne miteinander zu sprechen. Ich empfehle, das Papier wirklich an der Wand oder Moderationswand anzubringen und dort daran arbeiten zu lassen. Stehend schreibend entfaltet sich eine eigene Energie des *Zu-sich-Stehens*. Es werden eigene Gedanken aufgeschrieben oder die Notizen der anderen kommentiert. Geben Sie ausreichend Zeit, nicht selten tritt nach dem ersten Schreibschwung eine gewinnbringende Pause ein, die etwas von dem hervorbringt, was unter dem aktuellen Tagesbewusstsein schlummert.

Anschließend werden die entstandenen Gedankenverbindungen betrachtet, Unverständliches nachgefragt und zentrale Aspekte eventuell mit einem passenden Schreibimpuls weiter bearbeitet.

In der Gruppe

Eine Vorbemerkung: Stellen Sie ausreichen farbige Stifte zur Verfügung und achten Sie immer darauf, dass die Papierbögen einladend großzügig bemessen sind. Das gilt für die Wandzeitung, für die ich Packpapier von der Rolle empfehle, ebenso wie die anderen Schreibgespräche, die am Tisch miteinander entstehen.

Ein stark *verdichtetes Schreibgespräch* geht vom *Haiku* (siehe Seite 29 f.) aus, dem Dreizeiler mit fünf Silben zu einer Stimmung in der ersten Zeile, sieben Silben zu einer Landschaft oder einer Situation in der zweiten Zeile. Die dritte enthält mit fünf Silben eine freie Aussage. Dieses Gedicht wird in der Gruppe an den rechten Nachbarn weitergegeben, der nun seinerseits zwei Zeilen mit je sieben Silben dem Anfang voranstellt. So entsteht ein *Tanka*. Dieses wird noch einmal nach rechts weitergegeben, um es nun mit zwei weiteren Zeilen mit je sieben Silben am Ende zu einem *Renga* zu ergänzen. Dann geht das Gedicht wieder zweimal nach links an seinen Ausgangspunkt zurück und der ursprüngliche Haiku-Schreiber liest es der Gruppe vor.

Das Grundmuster: 7 – 7//5 – 7 – 5//7 – 7, das heißt 7 – 7 + 5 – 5 (Haiku) = Tanka + 7 – 7 = Renga

Damals als die Welt zerbrach
Verfolgte sie mich grausam. (3. Renga)

Diese dunkle Nacht
Regiert mit Schrecken und Angst
Treibt mich ins Enge. (1. Haiku)

Wenn sie diesmal nicht endet
Wen rufe ich um Hilfe? (2. Tanka)

Eine Prosaform ist die *fortlaufende Geschichte* zu einem gemeinsam gefundenen Thema. Alle Teilnehmer schreiben eine festgelegte Zeit lang, ca. fünf Minuten. Der Text wird weiter an den rechte Nachbarn gegeben, der diesen Text nun wiederum in der gleichen Zeit weiterschreibt, dann nach rechts zum Weiterschreiben gibt. So geht es weiter, bis alle sich an allen Texten beteiligt haben und das Blatt am Ausgangspunkt wieder angekommen ist. Die gemeinsam entstandenen Texte werden nacheinander vorgelesen. Es wird deutlich, wie unterschiedlich sie in ihrer Form und Aussage sind, obwohl doch alle unter derselben Überschrift begonnen wurden. Im anschließenden Gruppengespräch lassen sich zentrale Erkenntnisperlen sammeln oder andere Aspekte besprechen.

Bewährt hat es sich, vorgelegte *literarische Texte oder Gedichte weiterzuschreiben* und sich anschließend vorzulesen. Die Vielfalt individueller Interpretationen zu einem Text ist erstaunlich und die einzelnen persönlichen Gedanken werden deutlich. In der Auswertung lassen sich unter anderem die Fragen besprechen: Welcher Text ist meinem ähnlich? Welcher verblüfft mich? Was sind mir neue Gesichtspunkte? Worüber möchte ich weiter schreiben?

Oder Sie legen Fotos aus und regen an, *Texte zu Bildern* zu schreiben, und arbeiten damit ähnlich weiter.

In der Einzelarbeit
Wer bin ich und wenn ja, wie viele? (Precht, 2007). Kommen wir nochmals auf das Innere Team zurück. Persönlichkeit ist höchst komplex und wir können sie uns als aus vielen Anteilen bestehend vorstellen. Danach stehen wir nicht nur in wechselwirksamen Verbindungen mit den Menschen unserer diversen Bezugsgruppen, sondern führen gleichermaßen eine lebendige innerpersönliche Kommunikation. Wir haben ein Inneres Team zu leiten.

»Nur wenn ich im Inneren *alle beisammen* und vereint habe, kann ich nach außen hin klar, authentisch und situationsgemäß reagieren. Die Herausforderung besteht darin, die geeigneten Inneren Mitarbeiter zu einem gegebenen Problem zu identifizieren, zu Wort kommen zu lassen und in einer *Inneren Ratsversammlung* zur Zusammenarbeit zu bewegen« *(www.schulz-von-thun.de)*.

Innerer Teamleiter ist das *Ich*, das als übergeordnete psychische Instanz ausschlaggebend und außenwirksam Entscheidungen für jedes Verhalten trifft und dem die Aufgabe zufällt, Synergien der Inneren Teammitglieder hervorzubringen. Als Innere Teammitglieder gelten Antriebe, Impulse, Wünsche, Lebenserfahrungen, sogenannte Introjekte in Form von Gedanken, Gefühlen, Regungen, Stimmungen, Körpersignalen, die wechselseitig aufeinander bezogen agieren, vergleichbar gruppendynamischer Prozesse.

»Ein Miteinander und Gegeneinander finden wir demnach nicht nur zwischen Menschen, sondern auch innerhalb des Menschen. Obwohl ein zerstrittener Haufen im Inneren überaus lästig und quälend sein und bis zur Verhaltenslähmung führen kann, handelt es sich dabei nicht um eine seelische Störung, sondern um einen ganz normalen menschlichen Zustand. Diese *Innere Pluralität* ist letztlich auch wünschenswert. Wenn nämlich aus diesem zerstrittenen Haufen ein Inneres Team wird, werden innere Synergieeffekte freigesetzt. Diese rühren vor allem daher, dass die *vereinten Kräfte* mehr Weisheit in sich tragen als eine einzelne Stimme allein« *(www.schulz-von-thun.de)*.

Erhalten die Inneren Anteile Namen, dann sind typische Mitspieler oft Antagonisten wie *der Großzügige und der Geizige, die Quälgeister und die guten Geister, der Angepasste und der Stimmungsmacher, der Abenteurer und der Ängstliche, das gebrannte Kind und das naive Kind.* Protagonisten können humorvoll charakterisierende Namen erhalten wie *Axel Angstschweiß, faule Socke, der reuige Resignierte, die launige Lust, emsiges Bienchen* und andere persönliche Phantasiebezeichnungen.

In diesem Modell sind wir Regisseure einer inneren (Seelen-)Bühne, auf der die einzelnen Teammitglieder ihren biografisch und kontextbezogen zugewiesenen Platz einnehmen, ob vor oder hinter dem Vorgang, beleuchtet oder verborgen. Auf verbannte Mitglieder, diese *Inneren Außenseiter,* ist zu achten sowie auf deren Integration im Sinn einer *Inneren Teamentwicklung.*

Situationsbezogen wechselt eine solche *Innere Mannschaftsaufstellung* und entsprechend situationsgerecht kommuniziert der betreffende Mensch mit seiner Umgebung. Innere Pluralität, der *zerstrittene Haufen,* ist damit normal und keine Störung, sondern vielmehr Ressourcenreichtum. »Gut, dass alle diese Lebensgeister in mir sind, denn jeder hat seine Weisheit und Kraft« (www.schulz-von-thun.de).

Für Schreibgespräche und schreibende Streitgespräche eignet sich dieser Ansatz sehr gut. Persönliche Auseinandersetzungen, Entscheidungsfindungsprozesse lassen sich als Dialog auf dem Papier entwickeln. Ein distanzierter Blick wird möglich, und der Schreiber erlebt sich aktiv handelnd und nicht (mehr) passiv einer komplexen Situation ausgeliefert.

Frau D kam zu mir ins Coaching, um ihren Aufgaben als Führungskraft besser gerecht zu werden. In dieser Zeit verlor sie im vierten Schwangerschaftsmonat ihr Kind. Auch wenn sie diesen Verlust nicht als zentrales Thema in unseren Treffen besprechen wollte, streiften wir es doch immer wieder. Sie erlebte sich nicht nur in dieser Hinsicht, sondern seitdem auch in beruflichen Situationen zunehmend als Versagerin und hatte Angst, den ihr gestellten Aufgaben nicht mehr ausreichend genügen zu können.

Als sie sich mit mir für einen Vortrag vorbereiten wollte, bot ich ihr als Bild das Innere Team an, das sie gern aufgriff, indem sie zwei Protagonistenpaare auf ihre innere Bühne holte und schnell folgenden Einakter skizzierte:

»**Innere Zensoren**
Ich bin die *Angst*. Du bist nur bedingt begabt, hast zu hohe Ziele.
Du versagst, machst dich lächerlich.
Du kannst nichts, du bist nichts, halt dich bedeckt.
Ich bin die *Vermeidung*, ich kann dich beschwichtigen: Du kannst dich krankmelden, du brauchst doch gar nicht auftreten.

Innere Erlauberinnen
Ich bin die *gute Erfahrung*: Du hast schon einige passable Vorträge gehalten. Denk an die Messe im November! Das sind gute, begabte Ausgangspunkte für eine gute Entwicklung.
Probe bitte wieder täglich vor dem Spiegel!
Setz dich jetzt hin! Setz dich an dein Manuskript.
Lass den *Spaß* ran, verbinde dich mit der *Lebensfreude*. Das ist unser Erfolgsteam!
Da ruft die *Begeisterung,* ich bin wieder da!
Ich bin die *Sehnsucht*, und ich bin auch zurück. Ich habe dir die Vision mitgebracht, mit jedem Vortrag immer besser und sicherer zu werden.
Wir werden jetzt gemeinsam *Mut* und *Hoffnung* auf die Bühne rufen!«

Briefe stärken Bindung
Es ist noch gar nicht so lange her, dass Menschen über Briefe ihre Beziehungen gestalteten. Sie korrespondierten über Alltäglichkeiten, tauschten Geheimnisse aus oder legten einander Geständnisse ab. Sie schrieben über weite Entfernungen ihre Gespräche und warteten geduldig auf Antwort, die erst nach einiger Zeit zu erwarten war. In Zeiten von Mail und SMS ist ein handgeschriebener, per Post zugestellter Brief zur Kostbarkeit geworden.

Briefeschreiben ist ein innerer Dialog mit einem imaginierten Gegenüber, ein Selbstgespräch, das sich an einen anderen Menschen richtet. Es stellt innere Verbindung her, bestätigt und sichert sie. Wir sollten uns diese Begegnungsform nicht nehmen lassen.

In der Trauerbegleitung ist das Briefeschreiben verbreitet. Onno van der Hart schlägt den *fortlaufenden Brief* Menschen in Verlustsituationen oder mit traumatischen Erfahrungen vor. Dieses zeitlich unbegrenzte Schreibritual hat als Ziel, ein »Privatdrehbuch zu entwickeln, um Ihren Verlust zu verarbeiten und Abschied oder Abstand zu nehmen« (1993, S. 12).

Diese Form des (therapeutischen) Abschiedsrituals ist ein Übergangsritual, ein geordnetes Ganzes mit symbolischen Handlungen. Negative und belastende Bilder können so als weniger belastete Bilder rekonstruiert werden.

Schreibimpuls *Fortlaufender Brief*
Neuordnungsphase
> Schreiben Sie täglich nieder, was Sie der betreffenden Person noch zu sagen haben,
> zu festen Zeiten und an einem bestimmten Ort,
> eventuell mit einem Symbol, das Sie mit dem angeschriebenen Menschen verbindet.
> Dabei gesammelte Erfahrungen können/sollen Sie mit einem vertrauten Menschen (Therapeut, Freund, Schreibpädagoge, Coach) besprechen.

- Der Brief wird an einem Ort aufbewahrt, der nur Ihnen zugänglich ist.
- Führen Sie den Schreibprozess so lange fort, bis Sie das Gefühl haben, alles gesagt zu haben.

Abrundungsphase
- Nehmen sie feierlich von dem Brief und gegebenenfalls von damit verbundenen Symbolen Abschied (verbrennen, vergraben etc.) als eine Form der Transformation und des Abschiednehmens.
Dieses Abstandnehmen von der Materie symbolisiert den Abschied von der angeschriebenen Person bzw. von schmerzhaften, belasteten Erlebnissen.

Wiedervereinigungsphase
- Nehmen Sie Kontakt mit einem oder mehren Menschen auf, der/die Ihnen bedeutsam ist/sind. Machen Sie sich damit wichtige Beziehungen in Ihrer aktuellen Lebensphase deutlich.

Auch weniger umfangreiche Briefe können entlastend oder klärend wirken. Sie können auch an sich selbst gerichtet sein. Unser Mitfühlen geschieht nicht nur horizontal in zwischenmenschlicher Resonanz, sondern ebenso vertikal im Zugang zu unseren tiefen Lebensquellen und Lebensthemen. Beim Abschlusstreffen einer Trauerbegleitung rege ich an, so einen Brief an sich zu adressieren, der all das enthält, was ich als Extrakt aus der Zeit der Begleitung erinnern möchte und was als Erkenntnis gesichert sein soll. Wir verabreden dann einen Zeitpunkt, an dem ich diesen Brief zusende.

Briefe an Verstorbene und nicht mehr erreichbare Menschen sind ein erprobter Weg, sich all das Offene von der Seele zu schreiben. Eine Klientin, die sehr unter dem Ende einer ihr tief bedeutsamen Freundschaft litt, formulierte ein lyrisches Telegramm an ihre vermisste Freundin:

»Dein Bild in mir
berührt meine Sehnsucht nach Gewesenem
zeigt mir das Ausmaß an Zerstörung
und lässt mich suchen
wo wir begannen
unsere Freundschaft zu opfern.«

Eine andere Briefform wählt Erni Kutter mit ihrem Segen für eine verstorbene Frau (Kutter, 2010, S. 193) in Abwandlung eines Textes von Brigitte Enzner-Porbst:

»Mögen Engel dir Weggefährten sein
Auf deinem Weg in die andere Welt
Dir helfen
Dich stützen
Dich halten und stärken
Mögen die mächtigen Hüterinnen der Seelen
Dich umgeben mit ihrer Kraft und Liebe.
Mögen ihre starken Schwingen dich wiegen und tragen
Wie eine Vogelmutter es tut
Mögen sie dich dorthin tragen
Wo das Leben ständig neu wird
Wo Licht und Schatten miteinander verschmelzen
Wo alle Dunkelheiten von dir abfallen
Und deine Seele eins wird
Mit dem unauslöschlichen Licht.«

Verluste ändern das gesamte Leben

Wenn sich in unserem Leben etwas bedeutsam ändert, gesellen sich zu diesem »etwas« vielfältige weitere Veränderungen und Verluste. Beziehungsgefüge verschieben sich, und das gesamte Leben fühlt sich unwirklich, fremd und feindlich an. Inmitten verwirrender Erfahrungen sucht der trauernde Mensch nach Orientierung.

Netzwerke

Eine Möglichkeit, sich im Strudel der Erlebnisse einen Überblick zu verschaffen, ist die Netzwerkkarte von Johannes Herwig-Lempp (2004). Sie bietet einen visualisierten Zugang zu den für uns *very importend persons*, unseren VIPs. Im Zentrum stehe ich bzw. der von mir begleitete Mensch umgeben von vier Quadranten. Diese repräsentieren als relevante Bezugssysteme Familie, Freundschaft, Beruf und Professionelle. Hier lassen sich nun die einzelnen Menschen einordnen, je nach erlebter Nähe oder Distanz. Überlegungen wie »wen wünsche ich mir näher, von wem sollte ich Abstand halten, von wem erhalte ich passende Unterstützung?« dienen der Auswertung und der Überlegung nächster Handlungsschritte.

Schreibimpuls *Netzwerkkarte*

Fügen Sie in jedes Feld maximal fünf Namen von für Sie aktuell bedeutsamen Menschen ein. Platzieren Sie die Namen bezogen auf Ihr Feld im Mittelpunkt entsprechend Ihrer momentan empfundenen inneren Nähe und Distanz.

Betrachten Sie Ihr aktuelles Netzwerk. Was hat sich in letzter Zeit verändert? Wie sah Ihr Netzwerk vor einem Jahr aus?

Mögliche Fragen an Ihre Netzwerkkarte:
> Welches Feld/welcher Lebensbereich ist mir zurzeit besonders wichtig?
> In welchen Bereich investiere ich die meiste Energie und Zeit?

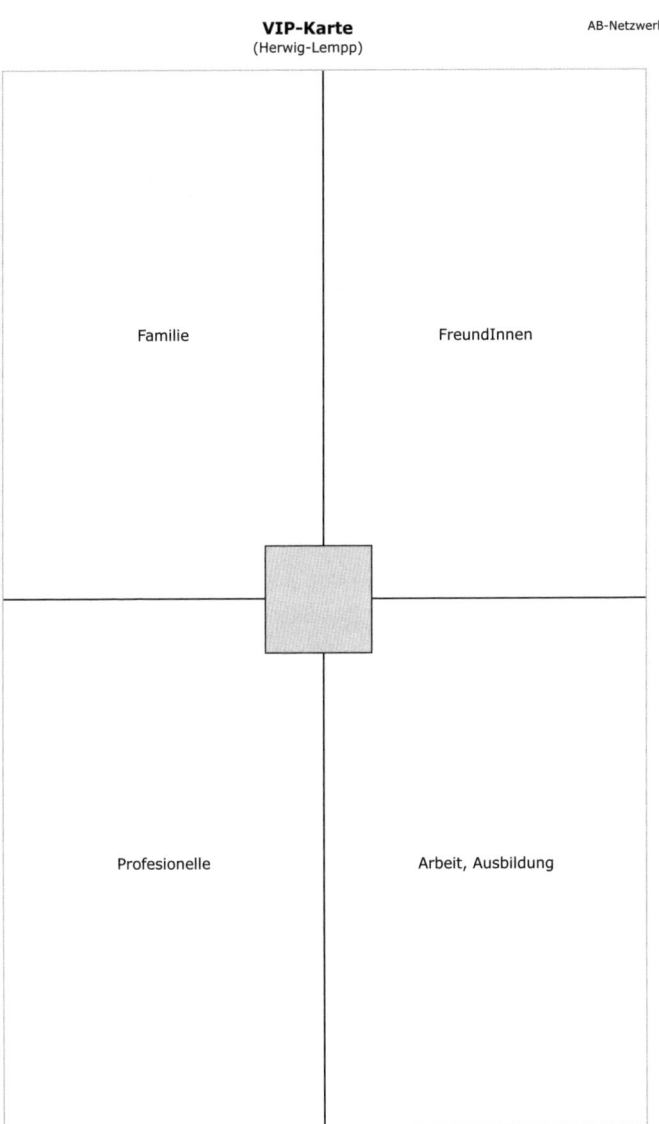

Abbildung 4: Netzwerkkarte, © Petra Rechenberg-Winter

> Welche Beziehungen erlebte ich bisher als besonders tragfähig?
> Wie haltbar schätze ich die anderen Beziehungen ein?
> Welche dieser Beziehungen erlebe ich hinsichtlich Geben-und-Nehmen ausgeglichen?
> Bietet diese Vernetzung mir ausreichend Unterstützung?
> Welche Beziehungen möchte ich ausbauen?
> Aus welchen Bezügen möchte ich mich herauslösen?
> Strebe ich neue Vernetzungen an? Könnte mir jemand aus meinem Netzwerk dabei behilflich sein?

Wählen Sie einen Menschen aus Ihrem Netzwerk aus, dem Sie mittels Automatischem Schreiben all das mitteilen, was Sie beschäftigt. Dieser Text ist nur für Sie bestimmt, nicht an die innerlich angesprochene Person. Ob Sie daraus irgendwann einen realen Brief formulieren, ist eine spätere Entscheidung. Darum geht es bei der Netzwerkarbeit (noch) nicht.

Dann suchen Sie einen anderen Vertreter Ihrer Netzwerkkarte, aus dessen Perspektive Sie nun einen fiktiven Brief an sich selbst schreiben. Was vermuten Sie, denkt dieser Mensch über Sie? Wie sieht er Sie? Was schätzt er an Ihnen? Vor was könnte er Sie warnen? Welche Wünsche mag er für Sie haben?

Lesen Sie sich beide Texte vor, welche Erkenntnisperlen entdecken Sie? Notieren Sie diese Erfahrungen.

Stützen und Energiefresser

Gesund, motiviert und lebensfroh zu sein, aber auch Krisen durchzustehen, erfordert immer wieder, dass wir uns mit uns selbst beschäftigen, in uns spüren, inwieweit wir aktuell in Balance leben und unsere persönliche Kraft-Aufmerksamkeits-Verteilung überprüfen. Lässt sich mein Leben mit dieser Energieverteilung verantworten?

Frau E, Stationsleiterin im Hospiz, berichtet im Coaching, dass sie sich zunehmend wie »im Hamsterrad« fühlt und »da mal genauer hinschauen« möchte. Ich bitte sie, in Gedanken Kontakt mit der Zeit seit unserem letzten Termin aufzunehmen: Was hat Sie besonders beschäftigt, mit welchen Menschen waren Sie in Kontakt und was war noch wichtig?

Ich schlage ihr vor, fünf Minuten einen kleinen Text zu *Meine Tankstelle(n)* zu schreiben, dabei den Stift nicht abzusetzen und anschließend kurz zu korrigieren.

Dann bitte ich sie, auf einem anderen Blatt wieder fünf Minuten auf dieselbe Art zu *Meine Energiefresser* zu schreiben.

Auf einem neuen Blatt Papier beschreibt Sie anschließend einen gewünschten Ort, an dem Tankstellen und Energiefresser sich begegnen. In fünfzehn Minuten entsteht eine neue Geschichte.

In ihrer Auswertung besprechen wir, was der Text mit ihrer jetzigen Situation zu tun hat und ob Geben und Nehmen ausgeglichen sind. Wenn sie sich eine Wippe/Waage vorstellt: Wie ist die Balance? Sie erarbeitet, welche Elemente der Geschichte für sie in nächster Zeit nützlich sein könnten, und ergänzt ihre Geschichte um einige hilfreiche Aspekte.

»Tankstelle
Mitunter vergesse ich einfach, zu tanken, denke gar nicht an Spritnachschub und konzentriere mich ausschließlich auf Höchstleistungen bei maximaler Geschwindigkeit. Mein Auto scheint da anspruchsvoller zu sein. Oder ist es nur konsequenter in seinen Forderungen und zu keinen Konzessionen bereit, wenn es Durst hat? Könnte ich von ihm lernen, Grenzen unmissverständlich einzuhalten?

Dafür müsste ich sie erst einmal rechtzeitig wahrnehmen. Ich bräuchte einen roten, blinkenden Signalbereich, der mich die nächste, nein: besser die jeweils passende Tankstelle ansteuern lässt. Ich könnte mich dann mit Freund/innen im Café verabreden, ins Kino gehen, durch eine spannende Ausstellung schlendern oder mal wieder in die Theaterwelt eintauchen. Und wenn mir nicht nach Menschen ist, dann wartet das Meer auf mich oder, gleich zu Hause, meine Teekanne.«

Und nun noch ein heiterer Schreibimpuls: *Können Ameisen faulenzen?*

Schreiben Sie Ihre spontanen Gedanken, nehmen Sie sich zwanzig Minuten Zeit.

Lebensbilanz

Schreiben kann befreien und seelische Wunden heilen. Nuala O'Faolain beschreibt die therapeutische Wirksamkeit ihres Schreibprozesses: »Ich war weder damals, als ich meine Lebensgeschichte zu schreiben begann, noch bin ich jetzt von meiner Mutter geheilt. Ein Gewinn ist jedoch die Distanz, die man bekommt, in dem man die Dinge von allen Seiten betrachtet, während man um die passenden Worte ringt« (O'Faolain, 2004, S. 53). Aus dem Abstand neuer Formulierungen heraus alte Erfahrungen betrachten, ordnen, würdigen und bewerten, verhilft zu veränderter Sicht. Zurückliegendes stellt sich aus zeitlichem Abstand und rückblickend anders dar als zum Zeitpunkt des aktuellen Erlebens. Erlebnisse schreiben sich dann als nachdenkliche Betrachtung. Heilsam vielleicht oder versöhnlich?

Stellen wir uns das Leben als einen Fluss vor, von der sprudelnden Quelle unserer Zeugung bis zur Deltamündung am Lebensende ins kosmische Meer hinein. Dazwischen liegen Stromschnellen, Strudel, gemächlich fließende Abschnitte und wieder Staustufen oder Hindernisse, Zuflüsse und Seitenarme.

Biografisches Schreiben zum Innehalten, zum Überdenken der eigenen Lebensbilanz und Prioritäten, um sich selbst vorzulegen, was war und noch sein sollte.

Scheibimpuls *Lebensfluss*

Bitte setzen oder legen Sie sich bequem hin. Atmen Sie ruhig in Ihrem Rhythmus, bis Sie sich wohlig und entspannt fühlen. Nun stellen Sie sich vor, dass Sie ein Museum betreten, eine Galerie mit interessanten Bildern besuchen. Sie gehen von Raum zu Raum, bis Sie in ein Zimmer kommen, indem keine Ausstellungsstücke hängen. Eine große weiße Wandseite zieht Ihre Aufmerksamkeit auf sich. Sie beginnen sich hineinzuträumen in Ihr eigenes Lebenskunstwerk:

Angenommen, ich würde mir mein Leben wie einen großen weiten Fluss vorstellen, der von der Quelle bis zur Mündung durch unterschiedlichste Regionen fließt. Unwegsames Gelände und felsige Engpässe, Stromschnellen und weite Landschaften könnte er durchziehen. Und immer wieder würden Klippen das Wasser zum Strudeln bringen; vielleicht stauen Menschen ihn auf, um sein Weiterfließen zu steuern? Wasserfälle könnten ihn erwarten.

Wie sähe mein Lebensfluss aus?

Skizzieren Sie Ihren Flusslauf anhand Ihres bisherigen Lebens und wählen Sie einen Abschnitt daraus aus. Zu diesem scheiben Sie Ihre Geschichte, folgende Fragen könnten dabei hilfreich sein:

- Welche Jahreszeiten, Wetterlagen hätte er in welchen Gegenden durchströmt?
- Welche Hindernisse hätte er zu passieren gehabt, wo stünden die größten Klippen?
- Wie habe ich gefährliche Bereiche bisher gemeistert?
- Auf welche meiner Fähigkeiten kann ich mich verlassen?
- Was hat mich unterstützt?
- Steht jemand an meinem Ufer? Wer hat mir geholfen und womit?
- Welche Kräfte sind mir daraus erwachsen? Wie haben diese mich verändert?
- Auf welche Erfahrungen kann ich jetzt zurückgreifen?
- Wo ist der Jetzt-Punkt, an dem ich mich aktuell befinde?
- Wohin fließt mein Lebensfluss?
- Was wünsche ich mir? Was ersehne ich?
- Wofür möchte ich mich einsetzen?

Diese Metapher des Lebensflusses ist ein archaisches Sprachbild. Ihr Wortsinn bezieht sich auf andere, weitere Bereiche als auf den, auf den das Wort angewendet wird. Im persönlichen

Verwendungszusammenhang tragen Metaphern (griech. *metá phérein*: übertragen) uns in eigene Welten, persönliche Sinnzusammenhänge und ermöglichen es damit, tiefe Erfahrungen in aussagestarke Beschreibungen zu übertragen.

Unsere Sprache ist metaphernreich, hören wir genau hin und entdecken die Bedeutungsebenen unserer Alltagssprache: *Das haut mich um. Es ist zum In-die-Luft-Gehen. Das gibt mir Halt. Was trägt? Wo windet sich der rote Faden?*

Suchen Sie mit den von Ihnen begleiteten Menschen nach den für Sie tragenden Metaphern und entwickeln Sie daraus *maßgeschneiderte* Schreibimpulse.

Generationale Trauer

Erfahrungen vererben sich

Familiäre Vorerfahrungen werden tradiert. Erinnerungen an Nationalsozialismus und Zweiten Weltkrieg tragen bis heute ihren Teil zur Tabuisierung von Tod und Trauer bei. Konflikte zwischen Erinnern und Vergessen, Wissen und Nichtwissen, Sprechen und Schweigen. Kollektive Verstörung, Verstrickung und Traumatisierung – jede Familie in Deutschland ist in irgendeiner Form belastet. »In der Folge systemischer politischer Gewalt können ganze Gesellschaften PTBS-(Posttraumatische Belastungsstörungs-)Symptome entwickeln und von den Zyklen abwechselnder Taubheitsgefühle und intrusiver Erfahrung, Schweigen und Trauma-Reinszenierungen gepeinigt werden. Eine Genesung kann in all diesen Fällen nur durch Erinnern und Betrauern erreicht werden. Wie traumatisierte Individuen müssen auch traumatisierte Länder sich erinnern, trauern und für ihre Verfehlungen büßen, um die traumatisierenden Situationen nicht erneut zu durchleben« (Herman, 2003, S. 391 f.).

»Mein eigenes Erleben meiner Trauer ebnete mir dabei jedoch immer wieder den Weg zu dem Ausgangspunkt meiner Fragen: Welche inneren und äußeren Voraussetzungen sind nötig, um die traumatischen Geschehnisse des eigenen Lebens und/oder des Lebens der Vorgenerationen zu reflektieren, um abgespaltene Details wie z. B. die Auswirkungen der beiden Weltkriege auf die Familie, nicht gelebte Trauer oder ›verschwiegene‹ bzw. ›verschollene‹ Familienmitglieder, die aufgrund ihrer persönlichen Geschichte nicht mehr benannt werden, neu wahrzunehmen und bewusst zu integrieren und zu erinnern?« (Girrulat, 2007, S. 222 f.). Bis ins dritte und vierte Glied, mahnt uns das Alte Testament, vererben sich »Missetat, Übertretung und Sünde (…) vor welchem niemand unschuldig ist« (2. Mose 34, 7). Es besteht wohl eine uralte Menschheitserfahrung generationenübergreifender Weitergabe von Trauer. Hartmut Radebold weist darauf hin, wie diese Erfahrungen von Leid, Schuld und Scham in einem gegenseitigen Transformationsprozess die Wahrnehmung und das Verhalten der einzelnen Generationen wechselseitig prägen (Radebold, Bohleber und Zinnäcker, 2007). Und wer aus der Kriegsgeneration sah sich angesichts eigener Erschütterungen und existenziellem Entsetzen in der Lage, den Nachfolgegenerationen einen konstruktiven Umgang mit unfassbarer Trauer und Traumata zu vermitteln? Täter, Opfer, Zeugen – es gab keine Unbeteiligten. Ihre Strategien, innere und äußere Stabilisierung zu leben, werden zu prägenden Familienmustern mit entsprechenden frühen Erfahrungen ihrer Kinder.

Als systemische Psychotherapeutin begegnen mir die unterschiedlichsten Familiengeschichten in Beratungsprozessen und Familienrekonstruktionen im Ringen der Einzelnen um Erinnern, Stabilisieren, Sühnen und lebenszugewandter Gestaltung eigener Lebensentwürfe. Die Auseinandersetzung mit Überlebensregeln meiner Familie – »ich muss immer …, ich darf nie …

eigentlich sollte/müsste ich immer ..., um geliebt und geschätzt zu werden« – gehört in diesem Zusammenhang zur Selbstreflexion professionell Begleitender, ebenso die Auseinandersetzung damit, worauf ich stolz in meiner Familie bin, was mich stärkt und mir Zuversicht vermittelt.

Für Trauerbegleiter heißt das, »sich immer wieder neu mit diesem tradierten Selbstverständnis auseinanderzusetzen – in der Eigenverantwortung für sich selbst ebenso wie für die Zukunft all der Bezugssysteme, in die der Einzelne eingebunden lebt« (Wolter-Cornell, 2015).

Die Bearbeitung transgenerationaler Themen ist kein ausgewiesener Bestandteil der Trauerbegleitung. Doch eingebunden in aktuelle Verlustbearbeitung können sich diese in unterschiedlicher Intensität überraschend melden. Trauerbegleiter kennen diese Zusammenhänge und wissen um stabilisierende Interventionen, wenn bei den von ihnen Begleiteten alte, lang zurückliegende Verluste blitzartig aufschießen. Gedächtnis ist ein »variabler Prozess in der Zeit« (Retzer, 2002, S. 55), den wir uns als einen Diskurs neuer Erfahrungen mit alten Erinnerungen vorstellen können.

Schreibimpuls *Meine Mutter* oder *Mein Vater*

Erstellen Sie ein Cluster zu einer frühen Bezugsperson, verbinden Sie sich mit dessen Erscheinung, Wünschen, Botschaften, Werten, Leistungen etc. Legen Sie dann darüber Ihr Bedeutungsnetz und lassen sich davon anregen zu einem Gedicht.

Hier ein Beispiel meiner persönlichen Auseinandersetzung mit meiner Herkunftsfamilie, wie ich es heute, zwei Jahre nach dem Tod meiner Mutter, nicht mehr geschrieben hätte. Es zeigt mir, wie die Bilder, die wir uns von anderen Menschen machen, mit uns wachsen und immer wieder neu formen.

»Meine Mutter
Bis heute
stellen sich meine Haare auf
wenn wir uns berühren.
Hat dein Leid mich früh verschreckt?
Deine Strenge? Dein Ernst?
Deine düstren Glaubensanker, mit denen du mich verfolgtest?

Doch neben der kosmischen Melancholie
verdanke ich dir
Manieren einer ausgezeichneten Kinderstube,
Bildungsfreudigkeit
und die hoffnungsvolle Erfahrung,
dass dein langes Leben dich milde stimmt,
dir Kraft zuwachsen lässt
und dein mühsam werdendes Leben
mit humorvoller Contenance tragen hilft.«

Ein anderer Aspekt generationenübergreifender Weitergabe von Trauer ist die verwaister Eltern, deren Leben durch den Tod ihres Kindes dramatisch und nachhaltig verstört ist. Geschwister tragen mit daran neben ihren eigenen Verlusterfahrungen. Später geborene Kinder wachsen in die tragische Geschichte gestorbener Wünsche und Hoffnungen ihrer Familie hinein. Das Erzählen ihrer Lebensgeschichten ermöglicht es, schwere Momente ihres Lebens zu würdigen und als bedeutsam zu erfahren. Im Erzählen vergewissern sie sich ihres individuellen Lebens.

In meiner Trauerbegleitung biete ich bei diesen Themen gerne Salvador Dalís Bild »Portrait meines toten Bruders« an. Bei seiner Geburt am 11. Mai 1904 wurde Salvador nach seinem neun Monate zuvor verstorbenen Bruder genannt, ein *Erbe*, von dem sich nur vermuten lässt, was es für sein exzentrisches Leben, um Existenzberechtigung ringend, bedeutete. Interessant an diesem

Bild ist unter anderem, dass es einen jungen Mann zeigt, obwohl er knapp zweijährig verstarb. Das Bildnis seines Bruders wächst mit Salvador Dalí mit, ist lebenslanger Begleiter und mir Beispiel dafür, wie wir Bindungen über den Tod hinaus in unserer Identität mittragen als *Gesicht der Trauer* (Rechenberg-Winter und Fischinger, 2010, S. 151 f.).

Dieses Bild eignet sich als Ausgangspunkt biografischen Schreibens, sei es in der Identifikation mit dem Künstler, seinem Bruder oder aus eigener Perspektive. Auch nichtgeborene oder pränatal verstorbene Geschwister lassen sich einbeziehen.

Stammbaum, Lebenslauf und historische Einbindung

Besitzen Sie einen Stammbaum Ihrer Familie? Wenn ja, verfügen Sie über eine Fundgrube an Informationen. Sollte es so etwas bei Ihnen nicht geben, kein Problem, Sie skizzieren sich Ihren Stammbaum. Welche Informationen besitzen Sie? Welche möchten Sie recherchieren? Wer und was könnte Ihnen dabei behilflich sein? Führen Sie sich Ihre Familie vor Augen und nehmen Sie (innerlich) Kontakt mit einzelnen Mitgliedern auf. Was wissen Sie über die Lebensumstände der Einzelnen, was über deren Fähigkeiten? Welche Bilder wurden Ihnen vermittelt und was wurde nicht erwähnt, obwohl es Sie heute interessiert? Wichtig ist dabei, dass jede Generation in einer eigenen Reihe steht, unten in den Wurzeln Ihres Stamm-Baumes siedeln Sie die am längsten zurückliegende Generation an und gehen von dort aus über den Stamm bis zu Ihrer Generation und gegebenenfalls der nächsten in der Baumkrone. Ihren Platz gestalten Sie so, dass Sie dort besonders gern hinschauen, denn er ist kein geringer als Ihr eigener!

Anhand eines solchen Stammbaums lassen sich gewachsene Traditionen und generationenübergreifenden Themen ermitteln. Vielleicht treten Angehörige zu Tage, die bisher *vergessen* wurden und die Sie deshalb besonders spannend finden. Wer nimmt eine zentrale Stellung ein? Was von all dem korrespondiert mit der aktuellen Lebenssituation? Was könnte heute hilfreich sein?

Mit trauernden Menschen erforsche ich gern, wer einen vergleichbar intensiven Verlust erlitt und welches Wissen darüber besteht, wie dieser Mensch ihn zu meistern oder zumindest zu überleben verstand. Könnte sie oder er für gewisse Aspekte ein Vorbild sein? Oder mahnt mich dort etwas, was ich unbedingt vermeiden und anders machen möchte? Familiengeschichten halten Kräfte und Ressourcen bereit, bieten Modelle und (Über-) Lebensregeln, mit denen es sich zu beschäftigen lohnt.

In traditionellen marokkanischen Familienstrukturen aufgewachsen, beschreibt Fatima Mernissi in ihrem Buch »Der Harem in uns« (1994) das Leben der Frauen in ihren Höfen und Räumen, streng abgeschirmt von einer ihnen unzugänglichen Außenwelt. Als Kind erlebt sie deren Sehnsucht nach Teilhabe am Leben außerhalb und übernimmt den Auftrag ihrer Mutter und Tante, ein selbstbestimmtes Leben zu führen, unter anderem in den 1970er Jahren als Beraterin der UNESCO zur Situation muslimischer Frauen. Ihr scheint die Verbindung von alter Welt und neuer, international engagierter Lebensweise gelungen.

Schreibimpuls *Lebenslauf*
Erstellen Sie zu mindestens einer Person jeder Generation deren Lebenslauf, soweit er Ihnen bekannt ist. Vielleicht möchten Sie auch andere Menschen Ihrer Familie dazu befragen? Fantasieren Sie sich in dieses Leben hinein und identifizieren Sie sich damit. Schmücken Sie Ihre Bilder aus, so wie es gewesen sein könnte. Sie dürfen sich dabei weit von der Realität entfernen. Welche Geschichte möchten Sie aus deren Perspektive erzählen? Schreiben Sie in Ichform einen Brief an jemand aus Ihrer Familie, der erst in zehn Jahren geboren wird. Was sollte er wissen? Welche Botschaft möchten Sie ihr oder ihm vermitteln?

Heimat(-verlust)
Zu den biografisch ererbten Themen rund um Heimatverlust, Flucht und Vertreibung während des Zweiten Weltkriegs begegnen uns in Trauergruppen auch Menschen, die ihr Land verlassen mussten oder deren Eltern sich in Deutschland ansiedelten. Heimat ist für sie eine vielschichtige Erfahrung und Beheimatung eine besondere Entwicklungsaufgabe, die sich in unterschiedlicher Ausprägung durch die Generationen zieht. Welche Wurzeln tragen in Krisenzeiten, wenn sich Menschen ohnehin entwurzelt fühlen?

Schreibimpuls *Landschaftsgenogramm*
Notieren Sie zu jedem Menschen Ihres Stammbaums dessen Geburtsort, den (überwiegenden oder zentralen) Lebensort und, soweit diese Menschen nicht mehr leben, den Ort, in dem sie verstorben, und den, in dem sie beigesetzt sind. Zeichnen Sie eine Landkarte, in der sie alle Orte markieren. Wie groß ist der Aktionsradius Ihrer Familie? Weiträumig oder bodenständig? Schreiben Sie dazu einen Streifzug durch Ihr generationenübergreifendes Landschaftsgenogramm. Abschließend finden Sie Ihren Sehnsuchtsort. Wo ist er? Ist dort vor Ihnen schon jemand aus Ihrer Familie gewesen? Angenommen, Sie wären jetzt dort, was würden Sie erleben? Schreiben Sie ein Gedicht zu diesem besonderen Platz.

Das Leben ursprünglicher Welten zu beschreiben, kann dabei helfen, etwas von dem Verlorenen oder Ersehnten in sich zu stabilisieren. Autoren wie Tschingis Aitmatow, Kirgise, Juri Rytchéu, Tschuktsche, oder Galsan Tschinag, Tuwane, setzen ihren untergehenden Volksgruppen literarische Denkmäler, ehren in ihren Romanen deren alte Lebensformen und Mythen und versuchen, Kerngedanken ihrer jahrtausendlang gewachsenen Kultur zu bewahren.

Das können Vorlagen sein für all die Menschen, die sich schreibend ihre Heimat bzw. bedeutsame Teile davon retten und sich selbst ihre Anbindung bestätigen möchten.

Oftmals ist dies in Trauerzeiten besonders bedeutsam, wenn sich neben dem aktuellen Verlust die zurückliegenden Abschiede schmerzhaft zurückmelden. Ich rege dann an, in der Herkunftssprache zu schreiben, eventuell ins Deutsche zu übersetzen und an den damit verbundenen Erfahrungsunterschieden zu arbeiten. Was ist in der jeweiligen Sprache möglich? Was vermittelt sich jeweils? Was lässt sich verbinden und was bleibt exklusiv? Was gehört unverzichtbar zu mir? Wer bestätigt mich darin? Was möchte ich davon den Generationen nach mir weitergeben, was könnte sie stärken?

Schreibimpuls *Heimat ist für mich ...*
Erstellen Sie zum Kernbegriff *Heimat* ein Cluster (zehn Minuten), legen Sie dann darüber Ihr Bedeutungsnetz und lassen Sie sich von dieser Stoffsammlung anregen, eine Miniatur zu schreiben, die mit »*Heimat ist für mich ...*« beginnt, oder ein Gedicht, bei dem jede Strophe mit diesen Worten beginnt (dreißig Minuten). Lesen Sie Ihren Text laut vor und überarbeiten Sie ihn bei Bedarf anschließend.

Verlust von Heimat ist nicht nur ein Thema der anderen, wir haben es im eigenen Land bei vielen Menschen, die in der DDR aufwuchsen und lebten. Es gibt »immer noch keinen präzisen Begriff für das, was im Spätsommer und Herbst 1989 die DDR aufgewirbelt, durchgeschüttelt und schließlich von der Landkarte gewischt hat. Keine der gängigen Vokabeln (*Wende, Revolution, Vereinigung, Wiedervereinigung*) fasst, dass damals in wenigen Wochen ein Staat sich auflöst, die Lebensplanungen und -lügen von Millionen Menschen umgestoßen, Opfer- und Täterrollen zur Unkenntlichkeit vermischt und renommierte Gesellschaftstheorien über Nacht zur Makulatur wurden« (Krauss, 2007, S. 89).

In vielen Texten dieser Menschen verbinden sich aktuelle Verluste mit zurückliegenden.

»HIER IST DER BAUM, HIER IST DIE MAUER.
Hier ist der Ort. Hier ist die Trauer.
Hier sah ich mich vor Glück vergehn.

Hier wollten wir uns wiedersehn.
Hier war der Anfang und das Ende.
Hier war, was wirklich war: die Wende.«
Heinz Czechowski (in: Lorenczuk, 2007, S. 123)

Junge Schriftsteller/-innen, wie Andrea Hanna Hünniger, die 1984 in Weimar geboren ist, bearbeiten ihre Erfahrungen literarisch in Form von Autobiografien: »Ich teile mit vielen jungen Ostdeutschen, die heute zwischen 24 und 29 Jahren alt sind, die Erziehung durch melancholische, ja depressive, eingeknickte, krumme, enttäuschte, beschämte, schweigende Eltern und Lehrer. Die Hälfte des Personals in unserem Leben musste ständig in Kuren oder psychologische Betreuung« (Hünniger, 2011, S. 63 f.). Und später beschreibt sie ihren Verlust eindringlich: »Die Vergangenheit ist kein fremdes, exotisches Land. Sie ist wie eine verscharrte Leiche, die nur als Zombie in Form von Talkshows oder Quizshows zu uns zurückkehrt und die wir nicht verstehen. Die Geschichten in – sicher sehr gut recherchierten – Fernsehdokumentationen decken sich nicht mit dem, was wir in den Gesichtern unserer Eltern sehen, aber nicht entschlüsseln können. Wir vermuten nur. Wir wissen nicht, wer unsere Eltern sind, wir wissen nicht, aus welchem Land sie kommen« (S. 68 f.).

Heimatlosigkeit in keiner Heimat, die einmal Heimat war. Trauer um Lebenssicherheit, moralische Orientierung, zuverlässige Umgangsformen und verbindliche Gesetze. Von jetzt auf gleich ungültig, manche auf den Kopf gestellt, doch zumindest als unwert deklariert. Diese Erfahrungen sind bei jedem weiteren Verlust wieder spürbar, begleiten alle späteren Wendepunkte. Für viele Menschen ist die Wiedervereinigung keine Erfolgsgeschichte, das haben wir achtsam zu berücksichtigen, nicht nur wenn wir Trauernde begleiten.

Weniger spektakulär erscheint der als normal angesehene Heimatverlust, des Umzugs, der sich biografisch jedoch als tief prägend herausstellen kann.

»Du gehst durch ein Haus und gehst zum letzten Mal durch dieses Haus. Daran wirst du dich Jahre später nicht mehr erinnern können, an den Gang durch das ganze Haus, du wirst dich stets und immer wieder an dieses Bild des leer geräumten, letzten Zimmers erinnern können. Es war deines.

Der graue, abgetretene Holzboden, darauf der Staub, Sonnenstrahlen hinterfragen durch das Fenster mitleidlos die bröckelige Wand. Dort, wo die Möbel standen, Spuren. So viele Möbel, die du niemals wieder sehen wirst, alles wird verschwinden, bleibt doch in deinem Hirn. Das weißt du nun noch nicht, doch du weißt zum ersten Mal in deinem Leben, dass du etwas zum letzten Mal siehst, gerade eben, es ist Zeit, sich zu verabschieden. Du sagst das in Gedanken laut. Und schaust, als könntest du alles noch einmal in dich aufsaugen mit deinen Augen, atmest tief, dann ist es Zeit zu gehen. Von hier wolltest du nie, niemals weg. Du bist gerade zehn.«
Andrea Stift (2011, S. 58)

Diese Abschiede begegnen uns in der Trauerbegleitung, auch wenn ein anderer Verlust im Vordergrund steht. Viele Schreibbilder transportieren diese früheren Erlebnisse, indem sie aktuelle Auseinandersetzungen mit bereits gemeisterten Herausforderungen verknüpfen, oftmals zur Überraschung der Schreibenden.

Teil 3: Schreibwelten in der Trauerbegleitung eröffnen

Inzwischen sind Sie in diverse Facetten biografischen Schreibens eingearbeitet, haben vielleicht eigene Schreiberfahrungen gesammelt und möchten nun davon das eine und andere in Ihren Trauerbegleitungen einsetzen. Beginnen Sie damit, was Ihnen leichtfällt, und setzen Sie die Schreibimpulse ein, die Sie sich zutrauen und mit denen Sie sich sicher fühlen. Und damit Sie dafür gut gerüstet sind, beginnen Sie bitte bei sich selbst. Bevor ich kreatives und biografisches Schreiben in meinen therapeutischen, supervisorischen und lehrenden Arbeitsfeldern einsetzte, habe ich es als intensive Selbsterfahrung genutzt. Ich schrieb mich in vergessene und unbeleuchtete Regionen meines Lebens, staunte, was es da so zu entdecken gab, und überraschte mich immer wieder selbst. Bis heute beschäftigt mich, wie Schreiben in meine Selbstentwicklung hineinwirkt und welche Erkenntnisgewinne sich für mich damit verbinden. Im Prozess des kreativen Schreibens gestaltet sich in mir etwas, das ich bis dahin nicht in dieser Form gesehen und dargestellt habe, obwohl die zugrundeliegenden und genutzten Elemente alle bereits in mir waren. Schreibend reproduziere ich nicht bereits Formuliertes, begegne auch nicht nur mir selbst wie in einem Spiegel, sondern stelle neue Bilder, Zusammenhänge, Narrationen, Geschichten, Sichtweisen her. Mit dieser Veränderung entwickele ich, entwickelt sich meine Wirklichkeit und darin mein Selbst.

Expedition in die eigene Schreibwelt

Bevor wir mit anderen Menschen, die sich uns anvertrauen, schreiben, haben wir uns selbst mit dem biografischen Schreiben vertraut zu machen. Wir wissen, dass jede Intervention von unserer eigenen Erfahrung damit lebt und von unserer persönlichen und fachlichen Reflexion. Begeben wir uns also auf den Weg!

Empfehlung: Legen Sie sich ein *Notizbuch* für diese Selbsterfahrung an, das können ein Schulheft, ein edles Schreibbuch oder bunte Notizzettel sein. Ich nenne es der Einfachheit halber im Folgenden Notizbuch. Das sollten Sie immer bei sich tragen, während Sie sich mit dem biografischen und kreativen Schreiben vertraut machen. Es ist für Ihre flüchtigen Ideen gedacht und soll Erinnerungsfetzen und Gedanken aufnehmen, bevor sie vom Alltäglichen verschluckt werden. Dieses Notizbuch liegt natürlich auch nachts neben Ihrem Bett, denn angeregt durch Träume und das nächtlich besonders aktive Unterbewusste schreiben sich mitunter die erstaunlichsten Dinge – allein für sich selbst und nicht für andere!

Vorbereitende Überlegungen

Jeder Mensch schreibt auf seine individuelle Weise, und auch diese verläuft nach keinem feststehenden Muster, sondern ändert sich je nach Thema, Lebenssituation und dem Rahmen, der jeweils zur Verfügung steht. Doch es gibt gewisse Vorlieben und Neigungen, die Sie sich zu Nutze machen können, um Ihr Schreibexperiment zu planen.

Wann?

Erforschen Sie Ihren Tagesrhythmus. Zählen Sie sich eher zum Typus der *Lerchen*, die bereits während des Aufstehens munter sind und schnell in den Tag hineinfinden, oder zu den *Eulen*, die nur allmählich zu ihrer vollen Leistungsfähigkeit gelangen?

Eine nächste Überlegung betrifft Ihren Tagesablauf, mit all dem, was vorgegeben ist. Wo entdecken Sie Lücken, die sich zum Schreiben eigenen könnten? Und in welchen davon sind Sie ungestört? Schauen Sie bitte genau hin, vielleicht ist es die tägliche Bahnfahrt zur Arbeit, sollte Ihr sonstiger Tag allzu turbulent sein, oder die Mittagspause?

Was entspricht Ihnen mehr? Gelingt Ihnen regelmäßiges Schreiben besser, wenn Sie es ritualisiert in Ihren Alltag einplanen? Manchen hilft da eine verlässliche Viertelstunde zum Schreiben. Andere brauchen mindestens einen Tag, um in ihre Schreibwelt einzutauchen und für den sie Zeit in ihrem Kalender reservieren.

Wann auch immer es für Sie passt, bitte betten Sie Ihre Schreibzeit gut ein und gönnen Sie sich einen ausreichenden Zeitraum zur Einstimmung und anschließend eine Übergangszeit in Ihren Alltag. Schreiben setzt uns in innere Bewegung und entsprechende Verschnaufpausen gehören dazu.

Schreibimpuls *Ohne lange Vorüberlegungen*
Greifen Sie jetzt zum nächsten Stift und Ihrem Notizbuch und notieren Sie in zehn Minuten *Am liebsten schreibe ich …*

Wo?
Was ist ein guter Schreibort für Sie? Benötigen Sie unbedingte Ruhe und keinerlei Ablenkung oder inspiriert Sie eine Kaffeehausatmosphäre? Menschen schreiben an Schreibtischen, auf Parkbänken, an biografisch bedeutsamen Orten, im Bett, auf dem Berg. Manche bevorzugen einen festen Schreibtisch, andere genießen es, unterwegs zu sein und die Welt vorbeifliegen zu lassen.

Gibt es Utensilien, die Ihr Schreiben befördern? Das kann ein Spruch sein, ein Bild oder Kraftstein, Musik oder ein Blumenstrauß auf Ihrem Arbeitstisch.

Wählen Sie die Plätze aus, an denen Sie sich am wohlsten fühlen und wo Ihre Hand schneller mit dem Schreiben beginnen mag, als Sie vielleicht wissen, über was Sie schreiben möchten. Und Sie sollten sich dort geschützt fühlen, sollten ungestört sein und es so gestalten können, wie Sie es brauchen.

Wie?
Was lädt Sie zum Schreiben ein? Sind es bunte Blätter, Ihr Laptop oder dicke Filzstifte? Vielleicht inspiriert es Sie, Ihr Schreibmaterial zu wechseln. Wichtig ist einzig, dass es spielerische Energie in Ihnen auslöst, die Lust aufs Experimentieren und Freude am Einfach-mal-Loslegen. Und vergessen Sie die Aufforderungen früherer Deutschlehrerinnen, erst einmal eine Gliederung und Stoffsammlung anzulegen. Wir befinden uns im Reich des kreativen Schreibens, wo all diese Gesetze ungültig sind und einzig die Offenheit dafür zählt, was Ihnen im Moment durch Gedanken, Erinnerung und Phantasie schwebt. Manchmal hilft es, einfach anzufangen …:

Schreibübung *Wenn ich jetzt* schreiben *wollte, dann würde mir als Erstes einfallen …*
Und sollte es holprig werden, beginnen Sie den nächsten Absatz wieder mit diesem Satzanfang, doch mit der Betonung eines anderen Wortes: *Wenn ich* jetzt *schreiben wollte, dann würde mir einfallen …* und später dann: *Wenn* ich *jetzt schreiben wollte* oder *Wenn ich jetzt schreiben* wollte …

Für wen?
Auch wenn Sie allein für sich schreiben, den Schreibprozess in den Vordergrund stellen und Ihre Texte höchst privat sind, richten Sie sich mit dem, was Sie schreiben, vielleicht an eine bestimmte Person als inneren Adressaten? Dessen vermutlicher Blickwinkel könnte Ihnen aus seiner distanzierteren Betrach-

tung eine unerwartete erkenntnisreiche Intimität vermitteln. Dieser innere Repräsentant könnte Ihnen zu schreiben erlauben, was in Ihrem Leben zu verbotenen Leidenschaften, tradierten Tabuthemen oder anderen Ungeheuerlichkeiten zählt. »Schreiben bedeutet, fremdes Terrain zu besetzen (…) (und) ist vom Wesen her ein Regel verletzender Akt« (Oates, 2006, S. 41), die »Geschichten kommen zu uns als Geister, die nach greifbaren Körpern verlangen« (S. 43).

Manches scheiben wir am besten für uns allein und führen auf der Zwischenwelt des Papiers einen Dialog mit uns selbst oder mit der Welt. Ähnlich wie bei einer tieferen Unterhaltung, beim Aussprechen einer Vertrauensperson gegenüber, die Trost zu spenden vermag, kann Schreiben ein hilfreiches Gespräch mit sich selbst eröffnen. Mit inneren Anteilen, die unverletzt sind, wohlgesonnen und daher interessante Aspekte beisteuern, auf die ich selbst in meiner aktuellen Situation nicht zurückgreifen kann. Dann schreibe ich mich zu meinen unbewussten Antworten, die mir von meinem Verstand her unerreichbar sind. Fragen Sie sich also jeweils, für wen Sie schreiben.

Schreibimpuls nach der ersten und fünften (letzten) Strophe eines Gedichts von Emily Dickinson (1862, zitiert nach Oates, 2006, S. 62)

»Es kam die Nacht des ersten Tags –
Und dankbar, dass ein Ding
So schreckvoll überstanden war –
Sprach ich zur Seele: Sing!

(…)

Und eins ist wunderlich:
Das Wesen, das ich war –

Gleicht nicht dem Wesen, das ich bin –
Ob das der Wahnsinn ist?«

Lassen Sie sich inspirieren und schreiben Sie in Lyrik oder Prosa, was Sie als Nächstes für bzw. an wen schreiben (möchten), und vergessen Sie nicht: *für mich selbst*.

Wer darf's wissen?

Schreiben ist ein Mittel, der Vergangenheit zu gedenken, sich Erlebnissen zu stellen und Visionen auszuschmücken. Gibt es Menschen, die davon wissen dürfen, dass Sie sich das kreative und biografische Schreiben erobern? Und vielleicht fällt Ihnen jemand ein, der sogar davon wissen sollte, weil Sie dort auf Unterstützung rechnen können. Sortieren Sie!

Schreibimpuls *Falten Sie eine Notizbuchseite ...*

in drei gleich große Spalten. In der ersten listen Sie all diejenigen Menschen auf, von denen Sie sich vorstellen können, (vielleicht!) einige Ihrer Texte zu lesen zu lassen. In der zweiten Spalte haben alle Platz, die nicht von Ihrem Schreiben erfahren sollen. Und in der dritten Rubrik notieren Sie die Namen all der Menschen, die Sie lediglich über Ihren Schreibprozess informieren, ohne sie teilhaben zu lassen.

Selbstsicherung

Das Thema, zu dem wir beginnen zu schreiben, führt uns möglicherweise zu ungeahnten Erfahrungsschichten. »Warum schrieb ich? Welch mir unbekannte Sünde, tauschte mich in Tinte, die meiner Eltern oder meine?«, fragt Alexander Pope in seiner »Epistel to Dr. Arbuthnot« (zitiert nach Oates, 2006, S. 57). Darauf sind Sie eingestellt. Sie sind interessiert an verborgenen Bildern und vergrabenen Erinnerungen. Sie sind einverstanden, dass damit verbundene alte Gefühle geweckt werden. Und Sie wissen, dass es so vieles gab, das Sie damals durchgetragen hat, so dass Sie Schweres nicht nur durchstehen konnten, sondern daran auch gewachsen sind. Sie erinnern Ihre Erfahrungen des *DunkelLichts*?

Um der möglichen Dynamik des biografischen Schreibens gewachsen zu sein, helfen entsprechende Selbstschutzmaßnahmen. Egal, ob Sie jemals darauf zurückgreifen. Überlegen Sie beispielsweise im Vorfeld, ob Sie für ein bestimmtes Thema sich erst einmal nur einen begrenzten Zeitraum vornehmen möchten und sich dafür den Wecker stellen. Oder lässt sich über ein anderes Thema zu einer bestimmten Jahreszeit besonders gut schreiben? Eignet sich Ihr Vorhaben eher für die Zeit gleich nach dem Aufstehen oder in der Ruhe des Abends?

Neben diesen Fragen denken Sie bitte darüber nach, wer Ihnen eine verlässliche Vertrauensperson ist, und verbreden Sie, dass Sie sich verlässlich an diesen Menschen wenden können, sollten Erinnerungen Sie einholen, die allein zu tragen zu schwer sind.

Und wenn Ihnen keiner zur Verfügung steht oder Sie niemanden mit Ihren Themen belasten möchten, dann schauen Sie sich in Ihrer Umgebung nach einer professionell geführten Schreibgruppe um oder recherchieren Sie professionelle poesieerfahrene Unterstützung.

Schreibimpuls *Legen Sie sich eine Netzwerkkarte an*
Sie kennen die Netzwerkkarte bereits. Falten Sie eine Seite Ihres Notizbuchs einmal horizontal und dann vertikal, so dass Sie vier Quadranten erhalten. Das Feld oben links ist für Familienmitglieder, das Feld oben rechts für Freundinnen und Freunde. Unten rechts ist der Bereich für diejenigen mit Schreiberfahrung, an die Sie sich wenden könnten, und unten links für Professionelle wie zum Beispiel Ihre Hausärztin, Angebote in Stressbewältigung, die Telefonseelsorge, eine Psychotherapeutin, mit der Sie früher Kontakt hatten oder die Ihnen empfohlen wurde. In die Mitte, dort, wo sich alle Quadranten treffen, malen Sie ein kleineres Feld, in das Sie Ihren Namen schreiben, denn Sie sind das Zentrum Ihres

Lebens. Genau da herum notieren Sie nun die Namen von vertrauensvollen Menschen, indem Sie diese jeweils in dem Abstand platzieren, der Ihrem emotionalen entspricht. In regelmäßigen Abständen empfiehlt es sich, diese Netzwerkkarte zu aktualisieren. So können Sie schnell im Bedarfsfall darauf zurückgreifen.

Auf geht's!
Am Anfang

Sammeln Sie all die Themen, über die es sich zu schreiben lohnt. Welche Erinnerungen möchten Sie wecken, welche Geheimnisse aufstöbern und welchen Fragezeichen nachgehen? Verschaffen Sie sich einen Überblick, indem Sie entweder frei assoziativ auf Themenfang gehen oder gezielt in Ihrer Biografie fischen. Dabei kann eine gemalte Lebenslinie hilfreich sein, in die Sie bedeutsame Erlebnisse und Wendepunkte chronologisch eintragen, um später daraus Ihr Schreibthema auszuwählen. Fotoalben erweisen sich dabei mitunter als bunte Erinnerungsträger und Zeitzeugen. Vielleicht möchte das Kind, das Sie einmal waren, aus seiner Perspektive erzählen oder will Ihr innerer Jugendlicher jetzt endlich mit etwas längst Fälligem abrechnen.

Ein weiterer erprobter Zugang ist das Clustern (Rico, 1984), mit dem Sie bildlich so unzensiert wie möglich um ein umkreistes Kernwort, *meine Themen,* herum frei-assoziativ Ihre Einfälle dazu sammeln. Jeder Begriff wird mit einem Kreis umgeben und dient als Ausgangspunkt für weitere Ideen, so dass eine umfangreiche Themensammlung entsteht.

Vielleicht gelingt Ihnen der Zugang aber auch leichter über eine vorgegebene Überschrift, wie Mensch(en), *mein Vater, mein Bruder, eine Liebe*, und Sie beschreiben bedeutsame Begebenheiten mit ihnen. *Ort(e)* bieten sich an, beispielsweise *wo ich gerne gelebt habe* oder *ein Platz der Geborgenheit*. Redensarten, ob für Sie bedeutsame Glaubenssätze oder nervige Sprüche, sind eine Fundgrube. Nicht zu vergessen Ihre Sinne, die verlässlich zu persönlich relevanten Themen führen, *ein Geschmack meiner Kindheit, fremde Urlaubsgerüche, erschreckende Geräusche, Wind auf meiner Haut.*

Sobald Sie mit dem Schreiben beginnen, wird Ihr Innerer Zensor nicht lange auf sich warten lassen. Machen Sie sich auf ihn gefasst, auf diesen uralten Kritiker, der hämisch fragt, ob Sie wirklich schreiben können. Oder er grinst zynisch darüber, dass Sie derart selbstüberzeugt sind, um anzunehmen, dass Ihr Schreiben von irgendeiner Bedeutung sein könnte. Er erinnert Sie an verletzende Schulerfahrungen, etwa als umerzogene Linkshänderin, oder an miserable Noten aufgrund Ihrer Legasthenie. Irgendetwas Schlagkräftiges fällt dem inneren Kritiker garantiert ein. Also: Nehmen Sie es beherzt mit ihm auf!

Schreibimpuls *Stellen Sie sich eine Schreibsituation vor, …*
die Sie (in letzter Zeit) als schwierig erlebt haben, und nehmen Sie nochmals Kontakt mit Ihrem Erleben auf. Verlegen Sie diese Situation auf eine Bühne und nehmen Sie bitte im Zuschauerraum Platz. Von dort aus beobachten Sie genau den Zensor: Wie ist er gekleidet? Wie bewegt er sich? Welche Mimik und welche Gestik zeigt er? Wie sind Stimme und Tonfall?

Stellen Sie sich nun vor, er hält einen Monolog: Was sagt er? Notieren Sie alle Äußerungen genau (fünf Minuten). Dann tritt er zur Seite und Ihre Innere Erlauberin kommt auf die Bühne. Wieder beobachten Sie ganz genau: Wie ist sie gekleidet? Wie bewegt sie sich? Welche Mimik und welche Gestik zeigt sie? Wie sind Stimme und Tonfall?

Nun hält die Innere Erlauberin ihren Monolog: Was sagt sie? Notieren Sie alle Äußerungen genau (fünf Minuten). Nachdem sie fertig ist, treten beide in einen Dialog, den Sie gespannt aus dem Zuschauerraum beobachten: Schreiben Sie den Dialog auf, den diese beiden miteinander führen könnten. Gestatten Sie dabei beiden, während der Begegnung ihren Standpunkt zu erweitern und sich zu verändern. Diese Veränderungen müssen nicht willentlich herbeigeführt werden, denn sie ergeben sich von selbst. Sorgen Sie dafür, dass sich beide am Ende ihres Dialogs verständigen, eventuell Verabredungen treffen wie einen Nicht-Angriffspakt oder ein Arbeitsbündnis schließen (fünfzehn Minuten).

Schreibzeit ist Eigen-Zeit

Nun starten Sie in Ihre Welt und erobern sich deren spezielle Regionen. Sie schreiben sich zu sich selbst, zu Bildern und Begebenheiten, zu all dem, was in Ihnen lebt und von dem Sie bisher vielleicht noch gar nichts wussten. Kreatives Schreiben ist immer auch Selbstüberraschung.

Wenn Sie zu einem ausgewählten Thema schreiben, entfalten sich dessen Bilderbögen. Daneben eröffnen sich weitere Fragestellungen, Sie erinnern plötzlich andere Begebenheiten, und dann fällt Ihnen siedendheiß ein, dass Sie ja unbedingt heute noch einen bestimmten Telefonanruf erledigen müssen. Um dennoch bei Ihrem Schreibvorhaben bleiben zu können und dabei alles andere nicht zu vergessen, hat Jürgen vom Scheidt (2006, S. 181) im Rahmen seines Hyperwriting die Vier-Spalten-Methode entwickelt. Dafür falten Sie eine querliegende, mindestens DIN-A3-große Seite in vier gleich große Spalten:

1 Logbuch: tagebuchartige Notizen und Erfahrungen beim Schreiben dieses Projekts	2 Schreibprojekt: der fortlaufende Text	3 Ergänzungen zum Schreibprojekt sichern für spätere Überarbeitungen	4 Flohmarkt: Einfälle, Ideen zu anderen Projekten
Persönliches Material	Rohfassung	Verbesserungen	Schatztruhe

Und während Sie in der zweiten Spalte an Ihrem Text schreiben, notieren Sie sich alles Querdenkende in den entsprechenden anderen Spalten. So gerät nichts in Vergessenheit und nichts hält Sie vom Weiterschreiben ab, alles ist gesichert.

Bevorzugen Sie es, per Computer zu schreiben, dann gibt es hier bei den meisten Schreibprogrammen die Möglichkeit, Notizzettel einzufügen oder spaltenweise zu scheiben.

Finden Sie heraus, wie es Ihnen gelingt, an Ihrem Text zu bleiben. Sollten Sie Auszeiten einplanen oder gezielte Bewegungseinheiten? Hilft es Ihnen, zwischendurch spazieren zu gehen (Notizblock nicht vergessen!), oder brauchen Sie es, stundenlang in Ihren Schreibprozess einzutauchen? Was immer für Sie passt: Bleiben Sie dran! Bleiben Sie spielerisch zum Beispiel mit dem Folgenden:

Schreibimpuls *A-B-C-Darium zu einem Thema oder Aspekt*
Schreiben Sie die Buchstaben des Alphabets in dessen Reihenfolge vertikal untereinander. Jeder Buchstabe bildet den Anfangsbuchstabe zu Begriffen, die Ihnen spontan dazu einfallen. Werten Sie nicht, ob das sinnvoll erscheint oder lächerlich, schreiben Sie frei assoziativ weiter. Bei Z angekommen, verfügen Sie nicht nur über eine Menge an Material, sondern Ihr Schreiben hat sich dabei wie von selbst verflüssigt. Es kann also weitergehen.

Wenn nichts mehr geht ...
ist es noch längst nicht zu Ende. Dass Schreiben ins Stocken gerät, Gedanken blockieren und Ihnen rein gar nichts mehr einfällt, ist normal. Schreibhindernisse gehören dazu und kaum ein längerer Schreibprozess verläuft ohne Ideenriss, Unlust, Knoten im Hirn und Denksperren. Ganz zu schweigen von Zweifeln, selbstkritischen Demontagen und anderen inneren Schrumpfungsprozessen. Doch mit denen haben Sie es ja bereits in der vorherigen Schreibübung aufgenommen.

Lassen Sie sich von diesen Hindernissen nicht allzu sehr verblüffen. Jede der kreativen Schreibübungen dieses Buches eignet sich, aus solchen Blockaden auszusteigen und Ihr Schreiben wieder zu verflüssigen. Finden Sie heraus, welche Schreibimpulse

Ihnen besonders zusagen, damit Sie schnell darauf zurückgreifen können.

Plagen Sie sich nicht zu lange, brüten Sie nur kurz über dem unmöglich Erscheinenden. Wenn etwas festgefahren ist, hilft einzig, die Strategie zu wechseln und einen anderen Zugang zu nutzen. Da reicht es manchmal schon, sich im Zimmer umzuschauen, einen Gegenstand auszuwählen und drei Minuten (Stoppuhr) darüber einen Nonsenstext zu schreiben. Diese Zeit ist bestens investiert, denn schon hat sich Ihre Gestimmtheit geändert und Sie schreiben lockerer weiter.

Möglicherweise liegt Ihrem Schreibwiderstand aber auch ein tiefer Sinn zugrunde und er möchte Ihnen Zeit verschaffen. Selbstschützend stellt er sich vor auftauchende Inhalte, um diese zu dosieren oder Ihr Schreibtempo zu drosseln. Möchte Ihnen der Schreibwiderstand eine Verschnaufpause verschaffen oder an Ihre persönliche Selbstsicherung erinnern? Und vielleicht sollte eine Geschichte auch neu geschrieben, in anderer Form erzählt oder aus anderem Blickwinkel betrachtet werden. Dann sollten Sie sich mit diesem Verbündeten unterhalten, ihn schreibend befragen, was er Ihnen sagen möchte und was gut täte zu beachten.

Schreibimpuls *Erinnern Sie sich ...*
wie es Ihnen gelang, ins Stocken geratene Situationen wieder in Schwung zu bringen. Legen Sie eine Sammlung an, die Sie immer wieder ergänzen, sobald Sie weitere Zugänge entdecken.

Der gute Schluss
Mitunter verselbstständigt sich das Schreiben, wir möchten nicht aufhören und anliegende Alltagsaufgaben erscheinen als unzumutbar. Einzig weiter und weiter und weiter schreiben zählt. Dann fällt es schwer und fordert viel Selbstdisziplin zu unterbrechen. Eine Verabredung mit einem lieben Menschen kann

uns dann ins Leben zurückhelfen, sportliche Betätigung und die feste Schreibverabredung mit sich selbst zu einem späteren Zeitpunkt.

Neben einem solchen punktuellen Endpunkt findet irgendwann einmal der Abschluss Ihres Schreibprozesses statt. Dann ist das Thema beendet, alles Wichtige beschrieben, und die Luft ist raus, Ihr Interesse erlischt. Etwas Bedeutsames ist geschafft, Sie sind sich vielfältig begegnet, haben sich schmerzhaften Erinnerungen und beglückenden Situationen gestellt, es mit dunklen Themen aufgenommen oder bisher Unausgesprochenem ans Licht verholfen. Was immer entstanden ist, es ist Ihr Ureigenes und damit kostbar. Halten Sie es in Ehren! Gehen Sie achtsam damit um, und überlegen Sie genau, ob und wann Sie wem etwas daraus anvertrauen. Erforschen Sie, wer sich wirklich für das interessiert, was Sie mitteilen möchten, und drängen Sie niemanden etwas auf.

Schreibübung *Der gute Schluss*
Woran erkenne ich ein gutes Ende? Was gehört für mich dazu? Was hilft mir, eine Sache abzuschließen? Welche Hürden habe ich dabei zu nehmen? Mit welchen Empfindungen ist das verbunden? Erstellen Sie eine Mindmap, in der Sie spontan und assoziativ Ihre Erfahrungen, Gedanken und Wünsche zum Thema sammeln. Aus dieser Materialsammlung wählen Sie einige Begriffe aus, die Sie besonders anspringen, und schreiben Sie dazu einen *Schneeball*. Sie kennen bereits das Elfchen, ähnlich ist der Schneeball aufgebaut, beginnend mit einem Wort in der ersten Zeile, zwei Wörtern in der zweiten und so weiter bis zur fünften Zeile mit fünf Wörtern. Dann geht es rückwärts, die sechste Zeile hat vier Wörter, die siebte drei, die achte zwei und die neunte besteht wieder aus einem Wort. Wenn Sie die Zeilen mittig untereinander schreiben, entsteht annähernd die runde Form eines Schneeballs – und der ist ja wie ein guter Schluss auch nicht immer ganz rund.

Lesen Sie sich selbst Passagen vor. Lautes Lesen eröffnet den Dialog mit einer selbst erschaffenen Welt. Es ist die berührende Erfahrung des Sichhörens und des Gehörtwerdens, sollten Sie Ihren Text anderen Menschen vorlesen. Bitte begegnen Sie Ihrem Text so wenig bewertend wie nur möglich, öffnen Sie sich ihm freundlich, neugierig und heißen Sie ihn herzlich willkommen. Dann erfahren Sie sich als Lesende wirkungsvoll und Ihre Stimme unterstützt diese Selbstvergewisserung.

Das Vorlesen spontan entstandener Texte ist ein zentrales Element des kreativen, biografischen und therapeutischen Schreibens, dient es doch unter anderem der Aneignung des eigenen Textes. Und dass es aufregend ist und die unterschiedlichsten Gefühle hervorruft, gehört zum Zu-sich-Stehen. Auch der Körper reagiert, die eigene Stimme klingt fremd, Atem und Stimmung verändern sich in größeren oder kleineren Nuancen. Im Erröten, Verstummen, Weinen, Lachen teilen sich tiefe Emotionen mit, denn Sie befinden sich laut lesend in einem besonderen Resonanzraum.»Vorlesen ist ein Akt, selbstbewusst und lustvoll in die Welt, aus der Privatheit in die Öffentlichkeit zu treten; (…) es entsteht Distanz zum Text und in der Folge Verlust der Innerlichkeit, damit Gewinn eines klaren Blickes auf die Aussage« (Baumgarten, 2013, S. 220).

Während des lauten Lesens gestaltet sich Ihr Text weiter aus.

Leseimpuls *Experimentieren*
Nehmen Sie ein Buch zur Hand, das Sie vor langer Zeit einmal gern gelesen haben, und schlagen Sie wahllos eine Seite auf. Den zweiten Absatz dort lesen Sie laut und spüren dabei Ihrem Erleben nach. Dann wählen Sie einen Artikel aus der Tageszeitung, der Sie von seiner Überschrift her nicht interessiert, um ihn sich bewusst vor dem Spiegel vorzulesen. Was unterscheidet dieses Lesen vom vorherigen? Anschließend lesen Sie stehend einer imaginierten Fangruppe eines Ihrer Gedichte vor. Was erleben Sie jetzt? Suchen Sie sich weitere Textarten, um damit zu

experimentieren, suchen Sie den dazu passenden Ort und eine spezielle Leseart, sitzend, stehend, liegend, gehend ..., was immer Sie erproben möchten.

Erfahrungen sichern

»Im Abschied halten die Begriffe inne und werden zu Bildern« (Adorno, 1971, S. 47). Abschluss eines Projekts, Abschied oder Trennung – wenn etwas von persönlicher Bedeutung zu Ende ist, nehmen wir dies so ganzheitlich wahr, wie wir uns damit verbunden haben. Im biografischen und kreativen Schreiben haben Sie sich mit Ihren Themen verbunden, mit den leichten und frohen, den gewichtigen und schmerzhaften. Sie sind sich auf eine neue Art begegnet, haben sich aus neuen Blickwinkeln betrachtet, entdeckt und aufgedeckt, manches aus alten Verstrickungen ausgewickelt und sich entwickelt.

Anfänge wie Schlüsse werden in wohl allen Kulturen symbolisch begangen, um die fliehende Zeit zu strukturieren, Kontinuität und Abgrenzung zu vollziehen. Das entspricht unserem Zäsurbedarf und dem menschlichen Bedürfnis nach Orientierung. Wir wollen wissen, wo wir stehen. Also gestalten wir diese Übergänge. Wir begehen ein Ritual oder feiern ein Fest, denn »(d)ie mit der Trennung notwendigerweise einhergehende Distanzierung wird in die Distanzlosigkeit des Feierns integriert« (Geißler, 1992, S. 53).

Nun ist fraglich, ob Ihnen am Ende Ihres Schreibprojekts gleich nach einem Fest zumute ist, doch der Aspekt, das sich Distanzierende verlässlich zu integrieren, sollte ernst genommen werden. Sich selbst Fragen zu stellen, ist eine Möglichkeit. Es ist eine alte Kunst, kluge Fragen zu stellen, deren Beantwortung zu erhellenden Erkenntnissen führt. Max Frisch beispielsweise hat zwölf thematisch strukturierte Fragebögen erstellt, die vom Erhalt des Menschengeschlechts, Ehe und Frauen über Humor, Freundschaft, Geld oder Heimat bis zu Eigentum und

Tod reichen (Frisch, 1998). Der Fragebogen zu Hoffnung aus Max Frischs Tagebuch 1966–1971 (Frisch, 1972) beginnt mit »Wissen Sie in der Regel, was Sie hoffen?«, fragt dann »Welche Hoffnung haben Sie aufgegeben?« oder »Können Sie ohne Hoffnung denken?« und endet mit »Genügen Ihnen die privaten Hoffnungen?«.

Oder der Schriftsteller und Aktionskünstler Thomas Meyer, der über mehrere Jahre die Menschen in Zürich mit illegal angebrachten Stickern kluger Fragen zum Innehalten anhielt: »Welchem Alter entsprechend verhalten Sie sich?«, »Was schmerzt Sie?«, »Worauf warten Sie?«, »Was empfinden Sie vor dem Spiegel?«, »Was darf Ihnen keiner anmerken?« oder »Finden Sie Ihre Lebensweise nachahmenswert?«

Schreibimpuls *Sammeln Sie ungewöhnliche Fragen*
Welche davon stellen Sie gewinnbringend in Frage? Welche möchten Sie bestimmten Menschen stellen? Welche könnten andere Menschen Ihnen stellen? Welche Anfragen sind längst fällig?

Erstellen Sie eine solche Fragesammlung für sich selbst und als Arbeitsmaterial für die von Ihnen angeleiteten Schreibübungen. Dann markieren Sie die Fragen, die Sie am liebsten nie beantworten möchten, in einer Farbe und in einer anderen all die, die Sie anregen und bei denen der Stift in Ihrer Hand gleich loslegen möchte. An welche möchten Sie sich in nächster Zeit einmal wagen? Nehmen Sie sich noch einmal Schreibzeit für sich!

Endpunkt setzen

Wie machen Sie deutlich, dass dieses Schreibprojekt beendet ist? Was bewährt sich beim Loslassen? Den Schreibplatz wieder ganz frei machen, Notizzettel beseitigen, hilfreiche Utensilien zurück stellen. Was wir beenden, schafft freien Raum für Neues. Äußerliches Aufräumen befördert das innere. Und dies geht einher mit dankbarer Überlegung, wer Sie während Ihrer

Schreibzeit unterstützte, Ihnen rücksichtsvoll Schreibraum zugestanden und wer Sie in Ruhe gelassen hat. Möchten Sie diesen Menschen danken, persönlich oder im Stillen? Mit wem möchten Sie sich endlich mal wieder verabreden? Und was gehört für Sie noch zu einem guten Ende?

Schreibübung *Ziehen Sie Ihre persönliche Bilanz ...*
indem Sie erst einmal ungefiltert aufschreiben, was Ihnen Ihr Schreibprojekt eingebracht hat und was von Ihnen eingegeben wurde. Was ist offen geblieben und was möchten Sie mit dieser Erfahrung tun? (zehn Minuten). Nehmen Sie dies als Ausgangspunkt für die Verdichtung Ihrer Erfahrung und schreiben Sie an sich selbst ein Telegramm mit maximal zehn Wörtern.

Überarbeiten

Nach einiger Zeit, die ganz in Ihrem Ermessen liegt, empfiehlt es sich, zumindest zentrale Texte zu überarbeiten. Lesen Sie aus der entstandene Distanz heraus, um zu überprüfen, ob das Ihnen Wesentliche in angemessener Form dargestellt ist. Möchten Sie Facetten ergänzen, Aspekte nochmals anders beleuchten oder einiges deutlicher formulieren?

Ein Text ist nie wirklich abgeschlossen, denn wir entwickeln uns weiter und würden zu einem anderen Zeitpunkt die Geschichten anders erzählen, deren Erfahrungen neu bewerten und Schwerpunkte anders setzen. Jeder Text ist ein Kind einer eigenen Zeit, deshalb lesen Sie frühere Texte respektvoll und in Achtung vor Ihrem damaligen Bemühen. Vielleicht möchten Sie manches nochmals aus der heutigen Perspektive schreiben und wie in einem Kaleidoskop die einzelnen Aspekte neu zusammensetzen?

Vielleicht möchten Sie auch einige Texte stilistisch überarbeiten, jetzt oder später. Verwahren Sie Ihre Texte gut, und dort, wo Sie bereits jetzt lesen möchten, markieren Sie Schlüsselbegriffe und Kernaussagen, damit Sie später wieder leicht darauf zurückgreifen können. Denn wer weiß, was alles noch daraus entsteht? »Ich glaube, dass nichts zu Ende ist« (Robert Musil zitiert nach Geißler, 1992, S. 120).

Schreiben in Trauertreffen

Menschen, die einen bedeutsamen Verlust erfahren, spüren, wie tief ihre Identität erschüttert ist. Wer bin ich nach und mit diesem Abschied? Was macht mich denn nun noch aus? Das individuelle Selbstkonzept ist existenziell in Frage gestellt. Das Selbstwertgefühl, der Wert also, den Menschen ihrer eigenen Person geben, erweist sich als brüchig. Selbstwertdienliches Verhalten nimmt ab, stattdessen machen sich nicht selten Selbstzweifel und Selbstkritik breit, mitunter bis zur Selbstverachtung.

Kreativität ist eine der Grundausstattungen, den Menschen aus seinem Alltag herauszuheben, ihn mit seinem inneren Reichtum in Kontakt zu bringen und Neues zu schaffen, das Wahrnehmung und Denkprozesse verändert, denn »im kreativen Prozess erfährt er selbst eine Veränderung« (Rasch, 2013, S. 281).

Kreatives und biografisches Schreiben ist ein kreativer Zugang, sich selbstwirksam (wieder) zu erleben und sich kreativ den eigenen Entwicklungsaufgaben zuzuwenden. Dies kann in Form einzelner ausgewählter Schreibimpulse von der Trauerbegleiterin angeregt werden oder als Empfehlungen und Schreibexperimente für die Zeit zwischen den Trauertreffen.

Poesieorientierte Zugänge

Die Kreativitätsforschung geht von der in jedem Menschen angelegten Schaffensfreude aus, als einer Grundausstattung zum Meistern der vielfältigen Lebensaufgaben und Herausforderungen – und damit letztlich zur Sicherung der Menschheit.

Große biografische Veränderungen, seien sie aus schwierigen Erfahrungen und Leid oder auch durch großes Glück hervorgerufen, bieten häufig Chancen, gewohnte Routinen zu verlassen, sich neu zu entdecken und einen kreativen Prozess der lebenslangen Selbstwerdung anzunehmen.

Kreativität ist dann vonnöten. Sie fordert uns mehr als Wissen und Nachdenken ab. Vielmehr ist sie eng mit Emotionen verbunden, und wer sich auf diese intuitive Ebene einlässt, kann im Prozess des schöpferischen Tuns Zufriedenheit und Freude empfinden. Sich ganz mit dem gegenwärtigen Tun zu verbinden und sich dessen *Flow* (Csíkszentmihályi, 2001) zu überlassen, ermöglicht es, über die bisherigen Grenzen gekannter Leistungsfähigkeit zu gehen. Kreative und inhaltliche Auseinandersetzung ergänzen sich auf diese Weise und befördern sich gegenseitig.

Eine kreative Ausdrucksmöglichkeit ist Schreiben. Schreiben ist nachgewiesenermaßen Selbsthilfe (Heimes, 2012). Menschen in Ihrer Trauergruppe setzen sich vielleicht erstmalig tiefergehend mit ihrer Person und Biografie auseinander, indem sie zornige Briefe schreiben, traurige Gedichte verfassen oder Lebenspläne auf dem Papier erproben. Vielleicht haben sie bisher von sich angenommen, nicht schreiben zu können, und ihre Schulerfahrungen schienen ihnen Recht zu geben. Doch das schienen sie nur, denn im spielerischen und ergebnisoffenen Schreibprozess erstaunen sie über ihre Empfindungstiefen und überraschen sich selbst mit ihrem Ausdrucksvermögen, Voraussetzung ist dabei immer wieder der leistungsfreie Raum, der den Schreibprozess in den Mittelpunkt stellt und nicht das Ergebnis.

In Texten entwerfen wir neue Welten und Gegenwelten zum Alltag, schaffen uns Schutzräume, in denen wir versuchsweise neue Wege erkunden können, zunehmend Klarheit erlangen und Entscheidungen durchspielen können.

Wir erschreiben uns Distanz zu unserem Erleben, entfernen uns ein wenig von Gedankenkreisen und lähmenden Sorgen. Indem wir diese Gedanken, Gefühle und Empfindungen in Worte fassen, verlieren sie bereits etwas von ihrer Monstrosität. Wir drücken aus, was uns beeindruckt, geben nach außen, was uns im Innen quält.

Schreiben eröffnet Räume, in denen wir uns erforschen können, spielerisch und neugierig, aufmerksam und kühn. Fantastische Imaginationen sind erlaubt, sie schaden niemandem und bringen mich ein Stückchen weiter. So erweitern wir schreibend unser Wissen um uns selbst und stärken auf diese Weise unser Selbstbewusstsein.

Sie erinnern sich, André Breton, der Surrealist, entwickelte das *Automatische Schreiben*. Ohne den Stift abzusetzen, werden alle vorbeiziehenden Gedanken spontan assoziierend zu Papier gebracht, und wenn ich nicht mehr weiterweiß, beginne ich mit dem ersten Satz und schon nimmt das Schreiben von selbst wieder Fahrt auf. Bereits zehn Minuten reichen, um sich etwas von der Seele zu schreiben bzw. sich zu den eigenen bedeutsamen Themen hinzuschreiben. So lässt sich die Angst vor dem weißen Blatt überwinden und innere Zensoren lassen sich überlisten. Entdecken Sie Ihr Schreibselbst und bieten Sie den Menschen Ihrer Trauergruppe dazu Gelegenheit, ihrer philosophischen und spirituellen Selbstbefragung nach dem *Wer bin ich?* kreativ schreibend nachzugehen.

Silke Heimes (2010, S. 47) schlägt eine Schreibübung vor, achtsam den täglichen Wandel unseres Selbst wahrzunehmen und sich dabei selbst aufmerksam zu begleiten: »Stellen Sie sich eine Woche lang täglich die Frage *Wer bin ich?* Nehmen Sie sich zur Beantwortung zehn bis fünfzehn Minuten Zeit. Bemühen Sie sich, die Frage so offen, ehrlich und fair wie möglich zu beantworten. Legen Sie den geschriebenen Text an jedem Tag zur Seite, ohne ihn zu lesen. Erst am Ende der Woche nehmen Sie die sieben Texte und lesen sie hintereinander. Notieren Sie, was die Texte an Gedanken und Gefühlen in Ihnen auslösen.

Fragen Sie sich, was diese Art der Selbsterforschung bei Ihnen bewirkt.« Ein anerkennender Austausch darüber in der Gruppe ist dann ein Nach-außen- und In-beziehungsstiftende-Kommunikation-Treten. Wir gewinnen an gestaltender Haltung zurück und erfahren uns aktiv, handlungsfähig.

Autobiografische Märchen und Heldenreise
Wir haben wohl alle schon mal Märchen gehört, uns vielleicht von ihnen verzaubern lassen oder dort Heldinnen und Vorbilder gefunden. Sie laden in magische Welten ein, auf Bewusstseinsebenen, in denen das Wünschen sich als hilfreiche Kraft erweist und mit kindlich spielerischer Betrachtung komplexe und verworrene Aufgaben gelöst werden können.

Europäische Volksmärchen sind nach einem einfachen Schema aufgebaut, anhand dessen sich leicht ein eigenes Entwicklungsmärchen ausgestalten lässt. Ausgangspunkt ist eine große Schwierigkeit, eine unlösbare Situation, ein tiefer Mangel oder ein bedrohender Konflikt. Bruno Bettelheim (1977) hat aus entwicklungspsychologischer Sicht darauf hingewiesen, wie wichtig diese Bilder für Kinder sind, die tagtäglich an kleinen und mitunter großen Taten wachsen, und wie bedeutsam es für sie ist, auf solche Vorbilder für ihre Mühen erfolgreicher Bewältigung zurückgreifen zu können. Eine der zentralen Botschaften von Märchen lautet denn auch: Vertrauen in die eigenen Fähigkeiten und Mut zum beherzten Anpacken lohnen sich. Durch sie geschieht Veränderung zum Besseren. Doch dazu ist es für die Märchenfiguren erforderlich, dass sie sich dem Leben mit dessen Prüfungen stellen, abgewehrte verdrängte Aspekte wieder ins Leben einbeziehen und einen weiten Weg der Wandlung auf sich nehmen (Rasch, 2013, S. 284).

Nicht nur Kinder verstehen diese unbewussten Bilder. Auch Erwachsene können sie als Vorlage nehmen, die eigene Geschichte in einen weiten Zusammenhang menschlicher

Lebensweisheiten zu stellen und den persönlichen Herausforderungen mit Fantasie und Intuition auf kreative Art zu begegnen. Gilt es im Leben doch immer wieder, Stroh zu Gold zu spinnen, sprich Schwächen in Stärken zu verwandeln. Autobiografische Märchen eignen sich daher besonders gut für selbststärkendes Schreiben in einer Trauergruppe. Der schreibende Mensch tritt hinter seine eigenen Figuren zurück, um sich ihnen mit neuem Blick zu nähern.

Schreibimpuls *Es war einmal ...*
Schreiben Sie Ihr persönliches Trauermärchen, das mit den Anfangsworten *Es war einmal* in die Märchenwelt führt, in der Sie als Prinzessin/Prinz schwere Aufgaben zu bestehen haben, sich in diesen bewähren und einen großen Gewinn erobern. Sie können dabei auf bekannte Märchenmotive zurückgreifen. Oder Sie lassen sich vom Schreibfluss in Ihr eigenes geheimnisvolles Märchenreich tragen.

Eine weitere Möglichkeit, persönliche Krisenerfahrungen zu literarisieren, ist deren Umwandlung in einen persönlichen Mythos. Nach dem Schema des *Monomythos* von Josef Champbell (1978, S. 36) entwickelt sich die Erzählung in Phasen unterteilt. Zuerst verlässt die Heldin ihre Welt des Alltags und tritt in die Dimension einer Anderwelt ein. Dort begegnet sie fabelhaften Mächten und übermenschlichen Fähigkeiten, in dieser Phase wächst sie über sich hinaus. Dann kehrt sie mit dem errungenen Wissen und tiefen Lebenserfahrungen in ihren Alltag zurück. Diese Transformation der Krise in eine persönliche Heldenerzählung schreibt sich am besten, indem Sie sich schnell und unzensiert durch die Phasen des Aufbruchs, der Initiation und der Rückkehr schreiben. Diesen Rohentwurf lesen Sie nach einiger Zeit, um ihn dann in einen mythischen Text zu verwandeln. »Sie werden dann erkennen, dass der Weg des persönlichen Mythos uns nicht nur verändert, uns mehr zu dem macht, was wir sind, sondern uns auch für neue Erfahrungen öffnet« (Atkinson, 1995, S. 104, zitiert nach von Werder, 1998, S. 117).

Schreibimpuls *Prosaisches Durcharbeiten Ihrer Krisengeschichte*
Wenn Sie Ihre Krisenerzählung umschreiben, distanzieren Sie sich ein Stück weit von Ihrem Erleben und gestatten sich einen anderen Blick darauf. Lutz von Werder (1998, S. 118) schlägt dafür folgende Schreibtechniken vor:

- Ersetzen Sie den autobiografischen Ich-Erzähler durch einen außenstehenden Du- oder Er/Sie-Erzähler.
- Beschreiben Sie die Situation aus der Perspektive einer anderen Person, die entweder beteiligt oder als unbekannter Zaungast dabei war.
- Beschreiben Sie eine Kindheitssituation aus Ihrer damaligen Perspektive und anschließend aus der heutigen.
- Verwandeln Sie Ihren Text in eine Collage, indem Sie ihn in seine Absätze zerschneiden und diese willkürlich zusammenkleben.
- Schreiben Sie Ihren Text in unterschiedlichen Stilen nochmals: surrealistisch, kabarettistisch, dramatisch, lautmalerisch.
- Setzen Sie Ihre Geschichte in Dialogform und lassen Sie die Beteiligten nur miteinander sprechen.

Tagebuch – Verständigung mit sich selbst
Viele Menschen haben Erfahrungen mit Tagebuchschreiben gesammelt. In einer besonderen Lebenssituation damit begonnen, wurde es vielleicht nicht kontinuierlich weitergeschrieben. Oft erfüllte das spätere Lesen mit Peinlichkeit, und nicht nur viele meiner Tagebücher sind solch selbstkritischen Betrachtungen zum Opfer gefallen.

Erleben, Weltwahrnehmung und Verschriftung gehen selten eine so dichte Verbindung ein wie beim Tagebuchschreiben; mit dem vordergründigen Zweck des Schreibens für sich selbst ohne Veröffentlichungsabsicht. Und doch schreiben viele Menschen Tagebücher, kontinuierlich oder situativ. Die Schreibforschung interessiert sich dafür, was Menschen dazu veranlasst, teilweise mit hoher Energie und großem Zeitaufwand Tagebuch zu führen.

Die Schreibwissenschaftlerin Beate Schäfer befragt kontinuierlich angelegte Tagebuchprojekte daraufhin: Wie betten Tagebuchschreiberinnen ihr Schreiben in den alltäglichen Ablauf ein? Wie wirkt sich diese Regelmäßigkeit rückkoppelnd auf die Schreibenden aus? Inwieweit befördert Schreiben seelische Stabilisierung und Krisenbearbeitung? (Schäfer, 2013, S. 295 ff.). Als wesentlich erwies sich, dass eine eigene passende Form des Tagebuchs gefunden wird, die der Persönlichkeit und Lebenssituation der Schreibenden entspricht und mit der es ihr gelingt, aus dem eigenen Leben herauszutreten. Dabei ist es vielen wichtig, einen bestimmten Zeitraum pro Tag zu reservieren, der sich in den Alltagsablauf leicht einfügen lässt. Auch ein ruhiger, atmosphärisch stimmiger Ort zählt für viele Menschen zu den erforderlichen Voraussetzungen, um ein solches Schreibprojekt langfristig gewinnbringend durchzuhalten.

Ob es sich um ein SMS-, Musik- oder grafisch gestaltetes Tagebuch handelt, auf Tagtäglichkeit oder episodenbezogen angelegt, die meisten Schreibenden schätzten die enge Verbindung ihres in den Alltag eingebetteten Schreibens mit all ihrem Erlebten: als meditatives Schwingen oder Tagesbilanz, als identitätsstärkendes Moment oder Modellierungsprozess persönlicher Ressourcen. Andere berichten dagegen von mühsamen Grübelschleifen, wenig förderlichen Schreibexzessen oder entgleitenden Schreibprojekten.

Damit erweist sich auch das Tagebuchschreiben bei aller Wirksamkeit nicht als Stein der Weisen. Und es ist im Rahmen einer Trauerbegleitung immer wieder aufmerksam zu thematisieren, wie die Schreibenden es erleben und wie bzw. ob sie das Tagebuchschreiben hilfreich für sich nutzen können.

Ein besondere Wirksamkeit des Tagebuchschreibens liegt nicht nur im protokollierten Leben, sondern es ist ein »kontinuierlich gewachsener Komplex von Bedeutungen und als ein erst am Ende zu übersehender Zusammenhang (...) eine Verständigung des Ich mit sich selbst« (Schärf, 2012, S. 10). Im mehr oder wenig regelmäßigen Schreiben wird das Leben in seinen wesentlichen Momenten (wieder) hergestellt, wie eine Reihung von Versuchen, am eigenen Ich immer deutlichere Konturen zu schleifen. Ein Tagebuch bezieht sich aufs eigene Leben und vermag die Bemühungen zu unterstützen, das Leben als ein herzustellendes Ganzes zu erleben.

Schreiben von Tag zu Tag ist in ganz verschiedenen Formen möglich, da mag sich jede/r die persönlich geeignete Version wählen oder zwischendurch in der Darstellung wechseln. Hier einige ausgewählte Varianten

- *Chronik*

  In einer zeitlichen Abfolge und distanzierter Sachlichkeit notiert, spiegeln Sie nüchtern Erlebnisse und Ereignisse in einem eigenen Schreibprozess. Bei dieser Listung nehmen Sie persönliche Setzungen vor, die Ihre Erfahrungen persönlich strukturieren.

  15. Oktober: Zu spät aufgestanden. Karin im Eckcafé getroffen. Nachmittags Bücherei. Abends allein.

- *Journal*

  In knappen Aufzählungen dokumentieren Sie Ihr Erleben, jetzt in erzählender Form. Der Dichter Novalis begann nach dem Tod seiner Verlobten Sophie ein Journal zu führen, in dem er unter anderem täglich die Intensität seiner Trauergefühle vermerkte:

  21. (April) 34 früh sinnliches Fantasieren. Dann ziemlich philosophisch (...) Ich fühlte mich zeitweilen nicht ganz wohl (...) An S(ophie) hab ich oft – aber nicht mit Innigkeit gedacht« (zitiert nach Schärf, 2012, S. 45).

- *Erzähltes Leben*

  Menschen erzählten sich lange bevor sie die Schrift entwickelten. Sie berichteten, ermahnten, belehrten, legten Zeugnis ab und ließen andere an ihren Erlebnissen und Erfahrungen teilhaben. Im erzählenden Tagebuch teilen Sie sich in ausformulierten Sätzen mit.

20. Juli: Als wenn ich es nicht geahnt hätte – oder hätte mir vorstellen können –, das Treffen mit Anna wurde schnell zu einem Fiasko. Schon bei der Begrüßung rutschte die Stimmung in den Keller, in unserer Bissigkeit standen wir einander nicht nach. Irgendwie mussten wir uns wohl mal richtig die Meinung geigen. Doch was hat's gebracht? Neue Narben!

- *Persönliche Listen*
Sie können gute Vorsätze auflisten, um daran Ihre Selbstprüfung auszurichten. Vielleicht möchten Sie notieren, welche Filme und Museen Sie besuchen. Oder Sie schreiben tägliche Gedankenlisten zu einem Buch, das Sie gerade lesen.

17. April: In diesem Urlaub werde ich:
  - *Mails meiden*
  - *Arbeitstelefon abstellen*
  - *Keinerlei Fachlektüre lesen*
  - *Zeitungen, Zeitschriften, Romane lesen*
  - *Täglich schwimmen*
  - *Nur zwei Mahlzeiten täglich essen*
  - *Sparsam sein*

- *Lesetagebuch*
Der bibliotherapeutische Zugang nutzt das Lesen zur Selbstklärung. In der Literatur lassen sich die meisten persönlichen Erfahrungen von Autorinnen und Autoren in Erzählform finden. Sie haben sich bereits mit Themen auseinandergesetzt, in die ich in einer aktuell erschütterten Lebenssituation erst noch hineinwachsen muss. Sie formulieren, wofür ich noch keine Worte habe, und beschreiben Zusammenhänge, die ich für mein Leben (vorerst) nicht erkennen kann oder die ich ablehne. Immer laden sie mich zur selbstklärenden Auseinandersetzung ein.

Im Tagebuch lassen sich diese Prozesse gut festhalten. Wählen Sie eine für Sie interessante Erzählung aus und führen Sie ein Lektüretagebuch. Nehmen Sie sich täglich einen bestimmten Leseabschnitt vor und kommentieren Sie diesen in Ihrem Tagebuch. Setzen Sie Ihre Lektüre in Bezug zu Ihrem Alltag, beobachten Sie, wie sich das Lesen auf Ihre tägliche Lebensführung auswirkt. Und fragen Sie sich, inwieweit das Gelesene Ihrem Erleben und Ihren Gedanken entspricht, widerspricht oder ob es zu neuen Betrachtungen herausfordert.

- *Traumtagebuch*
  In Träumen begegnen wir unseren tieferen Regionen, unser Unterbewusstsein gibt uns in seiner Bildersprache Hinweise und Tagesreste verbinden sich zu eigenwilligen Geschichten. Oft entschwinden die Träume, bevor wir sie mit unserem Tagesbewusstsein überhaupt erfassen können. Andere wieder sind derart eindrücklich, dass sie sich plastisch aufschreiben lassen und noch sehr lange erinnert werden. Um möglichst nah am Traumereignis bleiben zu können, empfiehlt es sich, Papier und Stift griffbereit neben das Bett zu legen, um bereits im Aufwachen mit dem Aufschreiben beginnen zu können. So ein Traumprotokoll kann die täglichen Tagebucheintragungen erweitern.
  4. März: Heute Nacht hat mich H. besucht. Ich konnte ihn körperlich fühlen und es kam mir vor, als hätte er mich streichelnd geweckt. Er sagte mir ganz deutlich, dass ich die richtige Entscheidung getroffen hätte. Ich wusste, dass er tot ist, das spielte keine Rolle, und ich dankte ihm, dass er aus der Anderwelt zu mir kommt. Glücklich wachte ich auf – oder war ich bereits halbwach?
- *Autobiografische Collage*
  Wer sagt denn, dass in ein Tagebuch nur geschrieben wird? Dabei ist es eine sehr wandlungsfähige Form, die zum experimentieren einlädt. Malen Sie zu einzelnen Einträgen, kleben

Sie Bilder, Textausschnitte oder Blütenblätter hinein – alles, was Ihnen bedeutsam erscheint, hat dort Platz. So wird Ihr Tagebuch zu einem individuellen Erlebnissammelsurium im besten Sinne.

- *Lyrische Verdichtungen*
Manches lässt sich nicht in Worten ausdrücken, und wenn auch Metaphern nicht in die Erlebnistiefen reichen, bietet Lyrik mit Sprachspielen und verdichtenden Formen eine besondere Ausdrucksplattform. Haikus eignen sich beispielsweise in ihrem klaren Aufbau als hilfreiches Gerüst: Diese alte japanische Gedichtstruktur ist auf drei Zeilen angelegt. Die erste Zeile hat fünf Silben, in dem sie eine Landschaft, Situation oder Grundstimmung darstellt. Die zweite Zeile fügt eine Stimmung mit sieben Silben dazu. Die dritte Zeile mit fünf Silben ist inhaltlich frei.
Regelmäßiges Haiku-Schreiben fördert eine neue Sicht auf die Dinge. Die Naturbetrachtung stimuliert die Aufmerksamkeit, die Aufmerksamkeit stimuliert das Schreiben, das Schreiben verdeutlicht die Situation der Schreiberin. So führt fortlaufendes Schreiben von Haikus zur vertieften Selbsterkenntnis. Der natürliche Rhythmus des Jahresverlaufs eint sich mit Veränderungen der Situation der Schreiberin. Im Dialog mit der Natur dem wahren Selbst auf der Spur bleiben.

Schreibgruppe für trauernde Menschen

Es liegt in der Natur der Sache, dass Schreiben in Zeiten leidvollen Abschieds besonders ausgeprägt biografisch ausgerichtet ist. Der trauernde Mensch befindet sich im permanenten Spannungsfeld von *Erinnerungsorientierung* und *Anpassungsorientierung* (Stroebe und Schut, 1999), pendelnd zwischen dem Bedürfnis, die Bindung zum Verlorenen zu sichern, sich ihrer zu vergewissern, und sich in eine mitunter völlig neue Realität tastend einzufügen.

Eine Schreibgruppe kann hier einen schützenden Raum bieten und einladen, sich die Vergangenheit noch einmal kreativ anzueignen, dem Erlebten nachzuspüren und Erinnerungen aufleben zu lassen. Schreibprozesse aktivieren Gewesenes und führen es einer erweiterten Betrachtung zu. Niederschreiben als Protest gegen die Vergänglichkeit. Schriftliche Vergegenwärtigung, um Leidvolles vielleicht ein wenig erträglicher zu machen, zumindest ihm einen Namen zu geben, es (vielleicht zum ersten Mal) auszusprechen.

Schreibgruppenverständnis

Im Rahmen dieses Buches kann nicht ausreichend auf gruppendynamische Grundlagen eingegangen werden oder auf unverzichtbare methodisch-didaktische Kenntnisse. Wer sich dazu fortbilden möchte, sei auf das »Arbeitsbuch Kreatives und biografisches Schreiben. Arbeit mit Gruppen« (Rechenberg-Winter und Haußmann, 2015) verwiesen.

Hier kann ich Ihnen lediglich einen exemplarischen roten Faden anbieten, der Sie durch einen möglichen Schreibgruppenprozess speziell mit trauernden Menschen leitet. Sie erinnern sich: Ariadne gab ihrem Geliebten Theseus diesen inzwischen sprichwörtlichen roten Faden, mit dessen Hilfe er unbeschadet durch das dunkle, verwirrende und beängstigende Labyrinth hindurchfinden konnte und auch den existenziellen Gefahren einer Begegnung mit dem Minotaurus gewachsen war. Wie immer wir diesen kretischen Mythos auch deuten, kulturübergreifend ist das Labyrinth ein archaisches Symbol für Leben in Wandlungen, die Kunst, Leben zu wandeln, auch die Kunst, etwas oder sich selbst zu verwandeln.

»Wenn wir wüssten, daß die Welt ein Labyrinth ist, dann wüßten wir, daß es ein Zentrum gibt. Egal ob dort etwas Schreckliches wie der Minotaurus oder etwas Göttliches wohnt.

Aber es gäbe ein Zentrum« (Borges, 1992, S. 93). Um ein solches Zentrum drehen sich vielfältige Überlegungen und Sinnfragen trauernder Menschen. *Wofür? Warum ich? Was soll werden?* mögen sie sich fragen in tiefen Auseinandersetzungen mit ihrem sich mitunter von Grund auf wandelndem Leben. Eine hoffnungsvolle Weisheit trägt das Labyrinth bereits in sich, das im Gegensatz zum Irrgarten mit nur einem Weg zum Zentrum und wieder hinausführt. Und wenn dieser sich auch mäandernd vom Zentrum entfernt, dort wieder hinführt, um nochmals einige unüberschaubare Wendungen zu nehmen, so komme ich immer an – im Mittelunkt wie im Außen. So ist das Labyrinth selbst ein Mythos. Folgende Formprinzipien liegen ihm zugrunde (Seifried, 2002, S. 12), die sich ihrerseits wiederum auch symbolisch als Lebensverständnis interpretieren lassen:

- Die äußere Begrenzungslinie besitzt nur eine Öffnung.
- Die Figur kann gedanklich oder körperlich zwischen den Linien abgeschritten werden.
- Der Weg ist kreuzungsfrei und bietet damit keine Wahlmöglichkeiten bis hinein ins sachartige Zentrum.
- Der Weg füllt den Innenraum aus und muss durch alle Wendungen hindurch fortgesetzt werden.
- Denselben Weg zurück gehen, heißt nun, ihn vorausschauend zu erfahren.
- Das Zentrum ist ein leerer Raum.

Vielleicht gibt es ja in Ihrer Region ein begehbares Labyrinth (www.begehbare-labyrinthe.de), dann empfehle ich Ihnen, unbedingt dort eine Schreibsitzung mit Ihrer Gruppe durchzuführen. Immer wieder erlebe ich, wie es Menschen nachhaltig beeindruckt, ihrer eigenen Lebenssituation oder einer zentralen Frage in labyrinthischen Wendungen symbolisiert nachzugehen, der Wirkkraft pendelnder Bewegungen folgend – immer dem roten Ariadnefaden entlang.

Abbildung 5: Labyrinth © Michael Clausing

Verstanden als tief wandelnder Entwicklungsweg ist der Trauerprozess einem Gang durchs Labyrinth vergleichbar. Die Realität des Verlustes als unwiederbringlichen Teil der eigenen Biografie wahrnehmen, sich all den damit verbundenen tiefen Emotionen und gleichzeitig den neuen Anforderungen stellen, findet in existenziellen Dimensionen statt. Es ist ein sehr langer Weg durch Desorientierungen hindurch, bis es dem Menschen wieder und neu gelingt, ruhig mit seinen Erinnerungen lebenszugewandt (weiter) zu leben.

In der Schreibgruppe lässt sich dieser Weg unterstützend nachvollziehen. Besonders in Krisenzeiten fühlen sich viele Menschen gedrängt, sich mit ihrem Leben zu beschäftigen. Sie führen Tagebuch, schreiben Briefe an vertraute Menschen oder halten Lebensrückblick. Es ist ein Versuch, Kontrolle über das eigene Leben zu behalten oder wiederzugewinnen, verbunden mit der bewussten oder unbewussten Hoffnung, dadurch Hilfe bei der Neudefinition ihrer Identität zu erlangen.

Nicht selten ist es Menschen in Wendezeiten ein Bedürfnis, neben Leidvollem sich auch mit Aspekten von Lebenszufriedenheit auseinanderzusetzen. Trotz allem und mit allem empfinden sie ihr Leben als Geschenk. So schreiben sie auch aus Dankbarkeit über ihre Freude am Reichtum des Gelebten, eventuell verbunden mit dem Wunsch, andere daran teilhaben zu lassen. »Ihr glücklichen Augen, was je ihr gesehen – es sei, wie es wolle, es war doch so schön« (Goethe, Lied des Türmers).

Das setzt Reflexionsfähigkeit voraus und Bereitschaft, eigenes Erleben immer wieder aus neuen biografischen Blickwinkeln zu betrachten und zu bewerten. Wer sich aufs biografisch-kreative Schreiben über das eigene Leben einlässt, erlebt es in der Regel als sinnstiftenden Prozess.

Allein oder in der Gruppe unterstützt Schreiben das persönliche Sichten – Ordnen – Neuverstehen. Und es bietet Möglichkeiten, sich fabulierend ein Stück aus der Realität zu distanzieren, mit der Fantasie zu experimentieren oder zu verfremden.

Ablauf – Prototyp

Menschen beschäftigen sich (nicht nur schreibend) mit Gelungenem, Wertvollem, Schmerzhaftem oder Unerledigtem, um sich neu einzurichten im Gewesenen und Orientierung für ihre Zukunft zu erlangen, zumindest für den nächsten kleinen machbaren Schritt. Und nur um den kann es ja gehen:

»Mut – Dem Gehenden schiebt sich der Weg unter die Füße

Mut gibt es gar nicht. Sobald man überlegt, wo man ist, ist man schon an einem bestimmten Punkt. Man muss nur den nächsten Schritt tun. Mehr als den nächsten Schritt kann man überhaupt nicht tun. Wer behauptet, er wisse den übernächsten Schritt, lügt. So einem ist auf jedem Fall mit Vorsicht zu begegnen. Aber wer den nächsten Schritt nicht tut, obwohl er sieht, dass er ihn tun müsse, ist feig.

Der nächste Schritt ist nämlich immer fällig. Der nächste Schritt ist nämlich nie ein großes Problem. Man weiß ihn genau. Eine andere Sache ist, dass er gefährlich werden kann. Nicht sehr gefährlich. Aber ein bisschen gefährlich kann auch der fällige nächste Schritt werden. Aber wenn du ihn tust, wirst du dadurch, dass du erlebst, wie du ihn dir zugetraut hast, auch Mut gewinnen. Während du ihn tust, brichst du nicht zusammen, sondern fühlst dich gestärkt. Gerade das Erlebnis, dass du einen Schritt tust, den du dir nicht zugetraut hast, gibt dir ein Gefühl von Stärke. Es gibt nicht nur die Gefahr, dass du zuviel riskierst, es gibt auch die Gefahr, dass du zuwenig riskierst.

Dem Gehenden schiebt sich der Weg unter die Füße.«
Martin Walser (1994, S. 124)

Nur Mut! Beginnen wir mit dem ersten Schritt einer Schreibgruppe für trauernde Menschen. Dabei gehen wir jetzt davon aus, dass Sie mit einer ansprechenden Ausschreibung Interessenten für Ihr Vorhaben gewinnen konnten und mit ihnen Ablauf, Inhalt, Ziel, Rahmen, Verantwortlichkeiten im Rahmen einer wertschätzenden Auftragsklärung abgesprochen haben (Rechenberg-Winter und Haußmann, 2015). So können wir mit dem ersten Gruppentreffen beginnen, bei dem analog zur Ouvertüre einer Oper bereits zentrale Fragen eingebracht und bedeutsame Themen angelegt werden. Doch Sie sind gut vorbereitet, wissen um all diese Phänomene und die notwendige Bedeutung einer vertrauenstiftenden, verlässlichen und wertschätzenden Atmosphäre. Und Ihnen ist klar, dass Sie mit kleinen überschaubaren Schreibübungen starten und dabei genau die Reaktionen Ihrer Teilnehmenden beobachten. Jeder Gruppenprozess ist einzigartig, die Beteiligten gestalten ihn, und ein gründlich vorbereiteter Ablaufplan bildet dessen Struktur. So unverzichtbar Planungen auch sind, ausreichende Flexibilität, sich auf die Menschen mit ihren Prozessen einzustellen, ist ebenso nötig.

Jedes Treffen sollte im Rhythmus von spielerischem Beginn, Hauptteil und bewusstem Abschluss aufgebaut sein. Dazu fin-

den Sie im nächsten Abschnitt zehn erprobte Schreibimpulse.
Es dauert in der Regel 120 Minuten und gliedert sich so:
1. Schreibanregung mit zehn Minuten, anschließend zehn Minuten vorlesen und persönliche Mitteilungen zur Einstimmung
2. Schreibarbeit zu einem vorbreiteten Thema mit vierzig bis fünfzig Minuten
3. Vorlesen und Rückmeldungen zu einer von den Teilnehmern selbst gewählten Feedback-Frage mit insgesamt zwanzig Minuten
4. Überarbeitung mit zehn Minuten
5. Kurzer Schreibimpuls zum Abschluss mit zehn Minuten, anschließend vorlesen (zehn Minuten)

Diese Zeitangaben sind Richtwerte, die Sie je nach Ihrem Gruppen- und Schreibprozess entsprechend variieren. Doch achten Sie auf eine gute Eröffnung, und nach dem vertieften Hauptteil ist auf ausreichend Zeit für einen ins Hier-und-Jetzt hinausführenden Abschluss zu achten, damit alle Beteiligten gut und kompetent mit sich im Kontakt in ihren Alltag gehen können.

Der Gesamtablauf einer Schreibgruppe folgt einer Choreografie von vorsichtigem Herantasten mit sicherheitspendenden Rückmeldungen über weiterführende biografische Schreibprozesse und vertiefende Auseinandersetzungen bis zur Zusammenfassung wesentlicher Erkenntnisse in den letzten Schreibtreffen und einer gründlichen Auswertung am Gruppenende. Auch hierzu stelle ich Ihnen zehn mögliche Schreibthemen vor.

Eine idealtypische Schreibgruppenentwicklung, vor allem wenn sie über einige Zeit wie beispielsweise zehn Treffen verläuft, zeigt vier ineinandergreifende Abschnitte:
1. Ankommen, auftauen, orientieren, sich mit den anderen und dem Schreiben verbinden
    Die Teilnehmenden nehmen miteinander Kontakt auf, bilden eine Gruppe, lassen sich aufs biografische Schreiben ein,

sammeln erste Erfahrungen. In der Regel herrscht Wohlbefinden vor.

2. Gärung und Klärung
Nicht alle Wünsche und Erwartungen lassen sich erfüllen, und es liegt in der Natur der Sache, dass Enttäuschungen auftauchen, manche sich mit mehr Durchsetzungswillen zeigen als andere und sich Rivalitäten oder andere Aggressionen breit machen. Sprechen Sie diese Phänomene an, weisen Sie nochmals auf Ihre Ausschreibung hin und auf das Machbare einer Schreibgruppe. Anerkennen Sie weiterführende Bedürfnisse und machen Sie deutlich, welche Sie berücksichtigen möchten und was den Rahmen sprengt. Der gemeinsame Austausch auf Augenhöhe klärt und führt wieder zur Arbeitsfähigkeit.

3. Schreibfreude und Produktivität
Fühlen sich die Teilnehmenden in ihren Anliegen gesehen und wertgeschätzt, auch wenn nicht alle Wünsche bedient werden können, gewinnt die Freude am Schreiben wieder Oberhand, die entstehenden Texte nehmen an Tiefe und persönlicher Bedeutung zu. Die Gruppe formiert sich.

4. Ausstieg und Transfer
Zwischen Bedauern, »jetzt geht es uns doch grade so gut miteinander«, und Erleichterung über die nun wieder zur Verfügung stehenden freien Abende finden sich die Reaktionen, wenn das Ende der Schreibgruppe naht. Kündigen Sie es rechtzeitig an, denn besonders bei trauernden Menschen, die sich mit Abschied auseinanderzusetzen haben, ist der Gruppenabschluss ein besonders sensibles Thema, das Zeit und Achtsamkeit benötigt.

Ausgewählte Schreibimpulse zum Anfang und zum Ende eines Treffens

Zum Start und Warmschreiben sollten die Schreibimpulse eher drei bis sieben Minuten kurz und spielerisch gehalten sein und einladen, sich wieder in Leichtigkeit dem Schreiben zuzuwenden. Bewährt haben sich offene Überschriften, die den Einzelnen ausreichend Raum für persönliche Darstellung geben. Solche Überschriften können sein:

- *Jetzt:* lenkt die Aufmerksamkeit auf die aktuelle Situation.
- *Gestern – Heute – Morgen:* verbindet Vergangenes mit Gegenwart und Zukünftigen und kann chronologisch, im übertragenen Sinn oder im Hinblick auf die eigene Schreibentwicklung beantwortet werden.
- *Akrostichon zu einem Aspekt des aktuellen Treffens:* bei dem das entsprechende Wort von oben nach unten geschrieben jeweils den Anfangsbuchstaben einer Zeile bildet.
- *Wenn ich heute hier zufrieden nach Hause gehe, dann habe ich ... erlebt/geschrieben:* formuliert und präzisiert persönliche Erwartungen. Die Schreiberin übernimmt damit ihre Verantwortung.
- Wie bei einem *Kreuzworträtsel* die einzelnen Buchstaben des Vornamens untereinander schreiben, horizontal zu jedem eine aktuelle Befindlichkeit notieren, um auf diese Weise in Kontakt mit sich selbst zu treten.
- *Schwungfigur:* Der Stift übernimmt die Führung und zeichnet spontan mit nur einer Linie eine Figur mit Kreuzungen, Schlingen etc. In einzelne Hohlräume werden spontan Worte, Zitate, Aussagen und anderes mehr eingefügt. Hier gibt es anschließend nichts vorzulesen, doch Erstaunliches zu zeigen, um sich damit nonverbal mitzuteilen.
- *Einer meiner Gegenstände,* die ich mit mir herumtrage, stellt mich vor. »Ich bin die Armbanduhr von ... Sie/er ist ..., hat ..., mag ... und ...«

- *Kurzgespräch:* In dieser Zweierübung erzählen sich beide nacheinander eine Minute etwas von sich, das die/der andere wissen sollte. Anschließend schreiben sie in drei Minuten auf, was sie erfahren haben, um anschließend diesen Text vorzulesen, eingeleitet mit »Ich stelle ... vor. Sie/er hat mir berichtet, dass ...«
- *Wenn ich heute als ein Tier hier wäre, dann wäre ich ... und würde ...:* eine persönliche Mitteilung in einer kurzen Tiermetapher.
- *Trauer ist für mich ...:* diesen Satzanfang ergänzen und anschließend das Papier so falten, knicken, knüllen oder Ähnliches, wie es zur aktuellen Befindlichkeit passt. Drei Mal nach rechts weitergeben, dort öffnet die Empfängerin achtsam und in respektvoller Haltung das anvertraute Papier und geht mit der vorgefundenen Aussage in inneren Kontakt. Nacheinander wird vorgelesen und anschließend das Papier in die Mitte gelegt. Erst wenn die Vorlesenden wieder sitzen, wird der nächste Satz vorgelesen.

Und nun zum guten Schluss? Da fassen wir Erfahrungen des Treffens zusammen, sammeln Erkenntnisperlen oder formulieren einen gewünschten Ausblick:
- *Telegramm,* bei dem mit maximal zehn Wörtern der Gruppe das persönliche Resümee des Schreibtreffens mitgeteilt wird.
- *Wunsch zum Abschied,* der zuerst einen persönlichen Wunsch für sich enthält und dann einen an die Gruppe (entgegen der in unserer guten Kinderstube gelernten Reihenfolge)
- *Akrostichon zum Thema »Ende«.*
- *Fragebogen erstellen* analog Max Frisch und anderen (vgl. S. 108 f.)
- *Bilanzfragen: Was hat mir diese Schreibgruppe/dieses Schreibtreffen gebracht? Was ist offen geblieben? Was möchte ich mit dieser Erfahrung tun?*

- *Wenn dieses Treffen ein Film gewesen wäre, dann hieße er ...*: eine stark verdichtete Rückmeldung.
- *Wenn dieses Treffen ein Roman wäre, dann hieße er ... und hätte folgende Kapitel*: ähnlich verfremdet wie beim vorherigen Filmtitel, doch durch die einzelnen Kapitelüberschriften etwas differenzierter.
- *Wetterbericht*: Analog einer meteorologischen Meldung wird ein persönliches Resümee gezogen.
- *Ich packe meine Tasche und nehme vom heutigen Treffen mit ...*: eine Aufzählung bedeutsamer Inhalte, Erfahrungen, Erkenntnisse sichert diese in Form einer schriftlichen Liste.
- *Bis zum nächsten Treffen werde ich ...* ist eine Selbstverpflichtung mit Zeugen.

Schreibübungen zur thematischen Bearbeitung

Nun ist der Ablauf einzelner Schreibtreffen orientierend ritualisiert und die Teilnehmenden können sich darauf einstellen. Dieser Rhythmus ist kräfteschonend und die eingeführte Grundstruktur sollte verlässlich und sicherheitspendend beibehalten werden.

Die folgenden Schreibthemen lassen sich natürlich in der Reihenfolge beliebig Ihrem Konzept anpassen, manche jedoch sind besonders geeignet für den Beginn einer Schreibgruppe oder für deren Abschluss. Wegweiser ist auch hier wie generell in der Trauerbegleitung, dass Ressourcen gesichert und Potenziale geborgen werden können, dass sich Selbstwirksamkeit entfalten kann. Eine solche selbststärkende und mitunter selbstheilende Wirkung ist niemals zu verwechseln mit einer psychotherapeutischen Aufarbeitung, die in professionelle Kontexte gehört.

- *Mein Name*: Was weiß ich über die Geschichte, wie meine Eltern ihn wählten? Gab es einen mehrere Vornamen und was wurde mir über deren Bedeutung vermittelt?
- *Bewunderte Personen, Helden, Vorbilder*, an denen ich mich orientier(t)e.

- *Tragende Rituale,* die mir etwas bedeuteten oder die ich heute sinnstiftend erlebe.
- *Essen:* ein Lieblingsgericht aus der Kindheit beschreiben und mit einer Situation von damals verbinden.
- *Heimat:* eine Auseinandersetzung mit Zugehörigkeit.
- *Wendepunkte in meinem Leben:* eine Reise durch Regionen meiner Lebenslandkarte.
- *Angst – Wut – Scham:* tabuisierten Gefühlen ans Licht verhelfen, sie als gesunde Reaktion auf außergewöhnliche Erfahrungen erkennen und liebevoll integrieren.
- *Folgenschwere Begegnungen:* Was wurde erlebt, wer war dabei und wen oder was wünschte ich mir aus heutiger Perspektive für damals dazu?
- *Beste Zeiten meines Lebens* sammeln und ausgewählte Situationen so detailliert wie möglich beschreiben, um sie zu reaktivieren.
- *Abschiede, die ich bereits genommen habe,* und wie ich mich jetzt gut aus dieser Schreibgruppe verbschieden möchte.
- *Porträt eines mir bedeutsamen Menschen, zum Beispiel:*

Heidi
»Kupferrote Haare, provozierend lang, sinnlicher Blickfang, umwehen eine vitale Frau mit zarter Haut.

Sie bewegt sich in angemessenem Tempo, geht mutig auf die Dinge des Lebens zu, nimmt es mit ihnen auf, zeigt ihnen ihr feuerrotes Haar.

Sie steht mit beiden Beinen im Leben, verankert in innerer Sicherheit und Festigkeit. Von dort nimmt sie sich heraus, was ich mir nicht zu wünschen getraut habe. Sie greift zu, schüttelt dabei ihr leuchtendes Haar.

Sie spielt mit ihrer Kreativität, entwickelt originell Neues, setzt bunte blinkende Akzente ins Leben, schmückt ihr wunderschönes Haar.

Ich vermisse sie, ihre Impulse und unserer Freundschaft, in deren weitem Raum wir das Überraschende willkommen hießen.«

Feedback

Die meisten Schreibenden, schreiben sie nun allein für sich oder im Rahmen einer Schreibgruppe, möchten nicht ausschließlich über sich schreiben. Ihnen ist es ebenso ein Anliegen, ihren Schreibstil zu verbessern und ihre Ausdrucksfähigkeit zu erweitern. Sie wünschen sich Rückmeldungen der anderen, vorausgesetzt, diese werden konstruktiv vorgebracht.

In einer Schreibgruppe oder in der Trauergruppe, in der kreatives-biografisches Schreiben eingesetzt wird, ist eine derartige Feedback-Kultur beim ersten Schreibtreffen einzuführen und von der Gruppenleitung konsequent einzufordern. Dazu gehört, dass in der Regel alle ihre Texte vorlesen, inklusive der Schreibgruppenleitung, die immer mitschreibt. Dabei steht allen die gleiche Zeit zur Verfügung fürs Lesen und anschließende Gespräch. Alle Rückmeldungen sind persönlich, die der Vorlesenden zur Verfügung gestellt werden. Es sind ausdrücklich keine Beurteilungen, sondern ausschließlich persönliche Mitteilungen, aus denen die Vorlesenden dann eigenverantwortlich das für sie Bedeutsame herausfiltern können.

An dieser Stelle sei gleich auf Ausnahmen hingewiesen. Denn auch wenn es eine Regel beim kreativen Schreiben ist, die Texte vorzulesen, so gibt es doch Situationen, in denen das gerade nicht angebracht ist. Das können Gedankensammlungen, zum ersten Mal formulierte Erfahrungen, Geständnisse oder persönliche Rechenschaften sein, die nur dann zu Papier gebracht werden können, wenn Sicherheit besteht, dass sie nicht veröffentlicht werden oder die Schreibenden auswählen können, welche Ausschnitte sie den anderen anvertrauen möchten. Ein Ja zum Vorlesen ist ebenso ein Akt der Selbstermächtigung wie ein Nein. Es empfiehlt sich, vor dem Schreiben zu vereinbaren, wie anschließend mit den Texten verfahren werden soll.

Dem Text eine Stimme geben

Die erste Rückmeldung geben sich die Schreibenden selbst, indem sie ihre Texte bzw. Abschnitte daraus der Gruppe vorlesen. Diese Aneignung, begleitet von Gelächter, Tränen oder Verblüffung, ist beim Lesenden oft mit Gefühlen wie Stolz, Angst, Freude oder Scham verbunden. Entsprechend viel Zeit ist dafür einzuplanen.

Lautes Lesen intuitiv geschriebener Texte ist mit Emotionen und körperlichen Erfahrungen verbunden. Sich mit der Stimme Raum nehmen und Gehör verschaffen ist ebenso eine Selbstvergewisserung wie das sich selbst Hören. Vielen Menschen ist diese Resonanz nicht alltäglich vertraut. Ihre Sprechstimme bei sich selbst und die Reaktionen der anderen darauf wahrzunehmen, all das fordert heraus. Es verlangt ein Aus-sich-Heraustreten und Standpunkt-Einnehmen. Wer laut liest, erlebt, wie Lesen als eigenständige Erfahrung neben das Schreiben tritt.

»Über die Stimme wird erfahrbar, was sich im Schreiben als authentischer Ausdruck offenbart hat, und nun nimmt es die Lesende in ihre Verantwortung, sich zu zeigen (…) und nimmt wahr, wie die Stimme die Botschaft trägt. Die Lesende fühlt unmittelbar, ob das, was sie hört, in ihr ein Gefühl der Zustimmung, der Erleichterung oder auch des Widerspruchs und des Erschreckens auslöst« (Baumgarten, 2013, S. 218). Die Zuhörenden bilden einen erweiterten Hörraum, in dessen wohlwollendem Gehörtwerden die Lesenden sich mit ihren Texten in ihrer Einzigartigkeit erleben. Aus der Privatheit laut lesend in eine schützende, nichtwertende Öffentlichkeit zu treten ist ein Akt des (Mit-)Teilens und des Gestaltens, der Kraft, Gefühle und Wirkungen freisetzt. Die Stimme erheben, dem damit verbundenen individuellen Stimmklang beggnen heißt auch, die Wirkung des eigenen Textes zu verstärken. Denn die Wörter bilden mit ihrem Klang, der Melodie und ihrem Rhythmus einen Spiegel und werden zu Botschaftern persönlicher Anliegen.

Mitunter lesen Menschen undeutlich oder ihre Texte sind unverständlich. Aus Respekt wird nicht interveniert, denn es liegt in der Verantwortung der Lesenden, verstanden zu werden oder sich (noch) mit Undeutlichem zu schützen. Die menschliche Stimme ist ja immer Seelenausdruck.

Wir alle haben unsere ganz eigene Geschichte mit Beschämung, und entsprechend verlangt es manchen Menschen sehr viel Mut ab, sich lautlesend darzustellen. Umso wichtiger ist es für die Trauerbegleiterin, für eine aufmerksame, achtsame und würdigende Umgangskultur zu sorgen. Unverzichtbar ist auch, dass sie sich mit ihren eigenen Schamerfahrungen so auseinandersetzt, dass sie die Schreib- und Leseprozesse kompetent steuern kann.

In der Gruppenarbeit erleben sich die Lesenden im geschützten Raum einer schützenden Öffentlichkeit. Sie zeigen sich vor den anderen, die damit zu Zeugen des eigenen Bemühens und mühsamer Auseinandersetzungen werden und die dafür anerkennend applaudierende oder feine Resonanzen schenken. Die Lesenden übernehmen ganz die Verantwortung für ihren Text, sie steuern, wie sie ihn zum Klingen bringen. Lesend spüren sie dann etwas von der Botschaft ihres Textes und erleben, welche Reaktionen er bei den Zuhörenden auslöst. Zustimmung, Widerspruch, Verärgerung, Irritation, Mitgefühl, Solidarität, Ergriffenheit, Freude, Heiterkeit? Vorlesen ist Teilen, freiwilliges Sichmitteilen und gleichzeitig ein Signal der Offenheit für Reaktionen der Zuhörenden.

Meist wird in Schreibgruppen am Ende jeder Schreibeinheit reihum vorgelesen, wobei jedes Mal die Starterin wechselt. Bei besonderen Texten ist es noch wirkungsvoller, zum Lesen aufzustehen oder, wenn genügend Vertrauen gewachsen ist, einen besonders geschmückten »Lesethron« anzubieten. Was auch immer Sie wählen, achten Sie konsequent darauf, dass die Regeln klar abgestimmt sind, um aus dem Tabu, sich wirklich und wahrhaftig zu zeigen, heraustreten zu können. Verletzungen müssen vermieden werden, denn es geht um die Wahrung von Selbstwert und intuitiver Gewissheit.

Leseimpuls *Lautes Lesen als Begegnung ...*
mit sich selbst und den anderen sollte variiert werden, um das Erfahrungsspektrum zu erweitern. Lesen vom Schreibplatz aus hinter einem schützenden Tisch wirkt anders, als wenn die Lesende aufsteht und dort *aufrecht* spricht. Tritt sie dann auch daraus hervor und stellt sich vor die Gruppe, wird das die Selbstvergewisserung nochmals unterstützen. Und wenn Sie im weiteren Verlauf einen Stuhl als Lesethron schmücken, verleiht dieser Rahmen der Vorlesenden und dem Vorgelesenen eine besondere Feierlichkeit. Üben Sie dies für sich selbst vor dem Spiegel und dann im Kreis wohlwollender Menschen, bevor Sie kreatives Schreiben in Ihrer Trauerbegleitung einsetzen.

Schreiben ist wie das laute Lesen immer auch Selbsterfahrung. Besonders biografische Texte können zurückliegende Probleme wieder aufsteigen lassen. Die wollen vielleicht weiter als bisher bearbeitet werden oder sich noch einmal ins Licht der Betrachtung setzen und die Würdigung erfahren, die ihnen bisher versagt war. In diesem Zusammenhang sei noch einmal an unsere Achtsamkeit erinnert, die fragt: Was möchte und kann ich mir in diesem Kontext zutrauen und zumuten? Was möchte ich auswählen und was ruhen lassen? Was passt aktuell in unseren Rahmen?

Der Text spricht für sich
Beim aufmerksamen Zuhören eines vorgelesenen Textes wie auch für die eventuelle anschließende Rückmeldung bieten sich folgende Leitfragen an:
- Welche Geschichte ist bei mir angekommen?
- Welche Bilder entstehen?

- Welche Stimmung hat sich mir vermittelt?
- Welche Empfindungen löst der Text bei mir aus?
- Wie fühle ich mich als Zuhörerin einbezogen?
- Was möchte ich noch genauer wissen?

Noch einmal sei darauf hingewiesen, dass es beim Feedback darum geht, Aspekte persönlicher Resonanz zur Verfügung zu stellen und keinesfalls um ein bewertendes Sich-über-den-Text-Stellen.

Wird ein Feedback zur Textgestaltung und Überarbeitung erbeten, könnten Sie einen Innenkreis bilden lassen mit zum Beispiel vier Stühlen, auf denen nacheinander diejenigen Platz nehmen, die sich untereinander (nicht der Autorin) mitteilen, was sie verstanden und welche Aussagen sie gehört haben. Wo haben sie gern zugehört, was hat sie gepackt, wo ist ihre Aufmerksamkeit abgeschweift und was möchten sie ausführlicher erfahren?

Literarisches Feedback
Ein Text lässt sich auch auf seine literarische Gestaltung hin anschauen:
- Welche Erzählperspektive wurde gewählt, berichtet ein Ich-Erzähler, handelt es sich um einen inneren Monolog, um Gedanken im Selbstgespräch, oder informiert uns ein allwissender Beobachter?
- Welcher Grundton zieht sich durch den Text, wirkt er auf mich ist ernst, düster, heiter?
- Wird szenisch oder zusammenfassend erzählt?
- Mit welchen Metaphern und Bilder vermittelt sich mir welcher Eindruck?
- Wie sind Anfang und Ende gestaltet?
- Wie verläuft die Spannungskurve?
- Sind Brüche in der Darstellung?

- Gibt es langatmige Passagen, bei denen ich als Zuhörerin unaufmerksam werde?
- Werden mir alle Informationen gegeben, um den Inhalt nachvollziehen zu können?

Auch dieses Feedback ist immer persönlich gefärbt und nur als solches auch einzuordnen.

Wenn wir einen Text hören, stellen wir automatisch einen Kontext her, betrachten und erleben ihn auf unterschiedlichen Ebenen. Solche Interpretationsebenen können sein:
- textkritisch und handwerklich-literarisch, wie soeben ausgeführt;
- im zeitgeschichtlichen Zusammenhang, um einzuordnen, in welche (gesellschafts-)politische Zeit sich die Erzählung einordnen lässt. Was ist typisch für diese Zeit? Welche Werte waren leitend? Was waren zentrale Erziehungseinflüsse?
- auf psychologischer Ebene, um die persönliche Bedeutung des geschilderten Erlebens nachzuvollziehen. Was könnte handlungsweisend gewesen sein? Welche Auswirkungen auf das weitere Leben zeigen sich?

Diese unterschiedlichen Betrachtungsebenen eines Textes sind im Vorfeld mit den Teilnehmenden Ihrer Schreibgruppe zu besprechen, vor allem gilt es, vor jeder Rückmeldung genau zu klären, welche Feedback-Frage die Vorlesende an die Gruppe oder an Einzelne stellt. Diese ist verbindliche Leitlinie für die anschließenden Mitteilungen.

Wir sind daran interessiert, wie unsere Texte auf andere wirken, möchten unseren Schreibstil verbessern und unsere Ausdrucksfähigkeit erweitern. Dafür benötigen wir aufrichtige Mitteilungen der anderen. Gleichzeitig ist das genau einer der sensibelsten Punkte, denn in uns allen haben sich seit früher Kindheit bittere Erfahrungen mit beschämenden Kommentaren und kränkenden, abwertenden Beurteilungen angesammelt. Wir tragen entsprechende Narben davon, die uns besonders verletzbar machen. Und so sind bei jeder Rückmeldung größte Behutsamkeit, Respekt, Toleranz und Einfühlungsvermögen geboten. So wenig wie es *richtiges* und *falsches* Leben gibt, steht es Außenstehenden zu, persönliche Texte beurteilen zu wollen. Jedes Erleben ist wertvoller Bestandteil einer Biografie und entsprechend zu würdigen.

Trauerbegleitung basiert auf dieser Haltung, so dass diese selbstverständlich auch den Austausch über biografische Texte prägt.

Ausklang

»Hinter der Welt wird ein Baum stehen
mit Blättern und Wolken
und einer Krone aus Blau.
In seine Rinde aus rotem Sonnenbrand
schneidet der Wind unser Herz
und kühlt es mit Tau.

Hinter der Welt wird ein Baum stehen,
eine Frucht in den Wipfeln,
mit einer Schale aus Gold.
Lass uns hinübersehen,
wenn sie im Herbst der Zeit
in Gottes Hände rollt!«
Ingeborg Bachmann (zitiert nach Obert, 2010)

Literatur

Adorno, T. W. (1971). Zur Metakritik der Erkenntnistheorie. Gesammelte Schriften 5. Drei Studien zu Hegel. Frankfurt a. M.: Suhrkamp.
Aitmatow, T. (1999). Kindheit in Kirgisien. Zürich: Unionsverlag.
Atkinson, R. (1995). The Gift of Stories. Westport: Bergin & Garvey.
Ausländer, R. (1984/1992). Hinter allen Worten. Gedichte. Frankfurt a. M.: S. Fischer.
Bachmann, I. (2010). Hinter der Welt wird ein Baum stehen. Zitiert nach A. Obert, Feiertag/Archiv/Beitrag vom 14.11.2010 in Deutschlandradio Kultur.
Battke, K. (2013). Trümmerkindheit. Erinnerungsarbeit und biografisches Schreiben für Kriegskinder und Kriegsenkel. München: Kösel.
Baumgarten, I. (2013). Lautes lesen: im Dialog mit dem eigenen Text. Die eigene Stimme als Ressource der Selbstvergewisserung. In S. Heimes, P. Rechenberg-Winter, R. Haußmann (Hrsg.), Praxisfelder des kreativen und therapeutischen Schreibens (S. 217–234). Göttingen: Vandenhoeck & Ruprecht.
Berthoud, E., Elderkin, S. (2014). Die Romantherapie. 235 Bücher für ein besseres Leben. Berlin: Insel.
Bettelheim, B. (1977/1993). Kinder brauchen Märchen. München: dtv.
Bieri, P. (2012). Eine Erzählung schreiben und verstehen. CD. Basel: Schwabe.
Biniek, E. (1982). Psychotherapie mit gestalterischen Mitteln. Eine Einführung in die Gestalttherapie. Darmstadt: WBG.
Bollmann, S. (2005). Frauen, die lesen, sind gefährlich (4. Auflage). München: Elisabeth Sandmann.
Borges, J. L. (1992). Gesammelte Werke. Frankfurt a. M.: Suhrkamp.
Botterbusch, V. (2014). Poesie in der Stadt unter den Steinen. Süddeutsche Zeitung vom 29.12.2014, S. 35.
Boyle, T. C. (2015). Geschichten zu erfinden, ist eine Art Sucht. Eine autobiografische Skizze von T. C. Boyle. Süddeutsche Zeitung vom 31.01./01.02.2015, S. 22.
Breton, A. (1924/1996). Erstes Manifest des Surrealismus. In: Breton, A.: Die Manifeste des Surrealismus (S. 9–43). Reinbek: Rowohlt.
Buzan, T. (2005). Das Mind-Map-Buch. Die beste Methode zur Steigerung Ihres geistigen Pozentials. Landsberg am Lech: mvg-Verlag.

Champbell, J. (1978). Der Heros in 1000 Gestalten. Frankfurt a. M.: Insel.
Csíkszentmihályi, M. (2001). Kreativität. Wie Sie das Unmögliche schaffen und Ihre Grenzen überwinden. Stuttgart: Klett-Cotta.
Conen, M.L. (2006). Systemische Therapie – ein Steinbruch? Zeitschrift für systemische Therapie und Beratung, 24 (3), 122–126.
Domin, H. (2007). Ich will dich – Hilde Domin. Film von Anna Dithes.
Eberhart, H., Knill, P. (2009). Lösungskunst. Lehrbuch der kunst- und ressourcenorientierten Arbeit (2. Auflage). Göttingen: Vandenhoeck & Ruprecht.
Erikson, E. H. (1973). Identität und Lebenszyklus. Frankfurt a. M.: Suhrkamp.
Fengler, J. (1998). Helfen macht müde. Zur Analyse und Bewältigung von Burnout und beruflicher Deformation (5., überarb. u. erw. Auflage). München: Pfeiffer.
Frisch, M. (1972). Tagebuch 1966–1971. Frankfurt a. M.: Suhrkamp.
Frisch, M. (1998). Fragebogen (13. Auflage). Frankfurt a. M.: Suhrkamp.
Geißler, K. H. (1992). Schlußsituationen. Die Suche nach dem guten Ende. Weinheim u. Basel: Beltz.
Gernes, U. S. (2011). Kamikaze. Gedichte. Schreibheft. ZfLiteratur Nr. 76, Februar 2011, 3–10.
Gernhardt, R. (1978). Reim und Zeit. Stuttgart: Reclam Universal-Bibliothek.
Girrulat, H. (2007). Erinnerung als Bestandteil der Trauerbegleitung und Traumaarbeit. Chancen und Risiken. In H. Girrulat, E. C. Markert, A. Nischak, T. Schollas, R. Stachowske, Systemische Erinnerungs- und Biografiearbeit. Tübingen: Systemischer Verlag.
Goebel, G. (1978). Schreibspiele oder die Vergesellschaftung der Schrift. Lendemains 3, 12, 108.
Goethe, J. W. (1832): Lied des Türmers, in Faust 2. Teil, 5. Akt.
Hahn, U. (1992, 2008). Stechäpfel. Gedichte von Frauen aus drei Jahrtausenden. Stuttgart: Philipp Reclam jun.
Hart, O. van der (1993). Abschiednehmen. Abschiedsrituale in der Psychotherapie. München: Pfeiffer.
Haußmann, R., Rechenberg-Winter, P. (2013). Alles, was in mir steckt. Kreatives schreiben im systemischen Kontext. Göttingen: Vandenhoeck & Ruprecht.
Haußmann, R., Rechenberg-Winter, P. (2014). 15 Übungen – Alles was in mir steckt: Kreatives Schreiben im systemischen Kontext. Schreibübungen 1 bis 15 (E-Book). Göttingen: Vandenoeck & Ruprecht.
Heidegger, M. (1960). Der Ursprung des Kunstwerks. Stuttgart: Reclam.
Heidenreich, E. (2005). Über das Gefährliche, wenn Frauen zu viel lesen. In S. Bollmann, Frauen, die lesen, sind gefährlich (4. Auflage). München: Elisabeth Sandmann.
Heimes, S. (2008). Kreatives und therapeutisches Schreiben. Ein Arbeitsbuch. Göttingen: Vandenhoeck & Ruprecht.

Heimes, S. (2009). Schreib es dir von der Seele. Kreatives Schreiben leicht gemacht. Göttingen: Vandenhoeck & Ruprecht.
Heimes, S. (2010). Künstlerische Therapien. Göttingen: Vandenhoeck & Ruprecht.
Heimes, S. (2012). Warum Schreiben hilft. Göttingen: Vandenhoeck & Ruprecht.
Hemmann, I. (2015). Das Alphabet der Trauer. Mit Texten zu tieferem Verständnis von Verlusten. Göttingen: Vandenhoeck & Ruprecht.
Herman, J. (2003). Die Narben der Gewalt. Paderborn: Jungfermann.
Herwig-Lempp, J. (2004). Die VIP-Karte – ein einfaches Instrument für die Systemische Sozialarbeit. Kontext, 35, 353–364.
Huck, G. (1998). Gruppengespräche über Literatur als pflegerische Herausforderung. Ein Erfahrungsbericht aus der Arbeit mit Suchtkranken. In H. H. Koch, N. Keßler (Hrsg.), Schreiben und Lesen in psychischen Krisen. Band 1: Gespräche zwischen Wissenschaft und Praxis (S. 240–253). Bonn: Psychiatrie-Verlag.
Hünniger, A. H. (2011). Das Paradies. Meine Jugend nach der Mauer. Stuttgart: J. G. Cotta'sche Buchhandlung.
Jeschke, K., Wolff, S. (2010). Zwischen Wachstum und Stagnation – Die professionelle Entwicklung von Psychotherapeut/innen über die Lebensphase. Psychotherapeutenjournal, 1, 25–33.
Kaléko, M. (2009). Mein Lied geht weiter. Hundert Gedichte (9. Auflage). München: dtv.
Kast, V. (2009). Sich wandeln und sich neu entdecken. Freiburg: Herder.
Kästner, E. (1957/2003). Als ich ein kleiner Junge war. München: dtv.
Koch, H. H., Keßler, N. (Hrsg.) (1998a). Schreiben und Lesen in psychischen Krisen. Band 1: Gespräche zwischen Wissenschaft und Praxis. Bonn: Psychiatrie-Verlag.
Koch, H. H., Keßler, N. (Hrsg.) (1998b). Schreiben und Lesen in psychischen Krisen. Band 2: Authentische Texte: Briefe, Essays, Tagebücher. Bonn: Psychiatrie-Verlag.
Kolbenhoff, W. (1988). Heimkehr in die Fremde. Frankfurt a. M.: Suhrkamp.
Kopp-Breilinger, K., Rechenberg-Winter, P. (2013). In der Mitte der Nacht beginnt ein neuer Tag (5. Auflage). München: Kösel.
Krauss, H. (2007). Zonenkindheiten. (Literarische) Rückblicke. In H. Helbig (Hrsg.), Weiterschreiben: Zur DDR-Literatur nach dem Ende der DDR (S. 89–101). Berlin: Akademie-Verlag.
Kutter, E. (2010). Schwester Tod. Weibliche Trauerkultur, Abschiedsrituale, Gedenkbräuche, Erinnerungsfeste. München: Kösel.
Langenmayr, A. (2013). Einführung in die Trauerbegleitung. Göttingen: Vandenhoeck & Ruprecht.
Lehnert, G. (2000). Die Leserin. Das erotische Verhältnis der Frauen zur Literatur. Berlin: Aufbau.
Lorenczuk, A. (2007). Vergiss aber nicht, deinen Text zu sichern. Heinz Cze-

chowski verarbeitet Daten. In H. Helbig (Hrsg.), Weiterschreiben: Zur DDR-Literatur nach dem Ende der DDR (S. 123–132). Berlin: Akademie-Verlag.

Marks, S. (2013). Scham – die tabuisierte Emotion (4. Auflage). Ostfildern: Patmos.

Mernissi, F. (1994/2003). Der Harem in uns. Die Furcht vor dem anderen und die Sehnsucht der Frauen. Freiburg u. a.: Herder.

Meyer, T. (2013). Wem würden Sie nie im Leben eine Postkarte schreiben? Zürich: Salis-Verlag.

Mischon, C. (2010). Lehrbrief kreatives Schreiben. Berlin: Alice Salomon Hochschule.

Moores, S. (1993). Interpreting Audiences. The Ethnography of Media Consumption. London: Thousand Oaks & New Dehli: Sage.

Mühsam, E.: http://www.erich-muehsam.de/?cat=texte2#b (Zugriff am 10.07.2015)

Müller, M., Brathuhn, S., Schnegg, M. (2013). Handbuch Trauerbegegnung und -begleitung. Göttingen: Vandenhoeck & Ruprecht.

Nadeau, M. (1986). Geschichte des Surrealismus. Reinbek: Rowohlt.

Nelson, P. (1993). There is a Whole in My Sidewalk: The Romance of Self-Discovery. Hilsboro, Oregon: Words Publishing.

Oates, J. C. (2006). Beim Schreiben allein. Handwerk und Kunst. Berlin: Autorenhaus.

O'Faolain, N. (2004). Sein wie das Leben. Berlin: Classen.

Pennebaker, J. W. (2010). Heilung durch Schreiben. Ein Arbeitsbuch zur Selbsthilfe. Bern: Huber.

Petzold, H., Orth, I. (2005). Poesie und Therapie. Über die Heilkraft der Sprache. Poesietherapie, Bibliotherapie, literarische Werkstätten. Bielefeld: Aisthesis.

Pogoda, G. M. (2000). Kreativ Schreiben von der Idee zum Text. Wirkungsvoll formulieren für Schule, Studium, Beruf, Literatur, Selbsterfahrung. Landsberg am Lech: mvg.

Precht, R. (2007). Wer bin ich und wenn ja wie viele? München: Goldmann.

Radebold, H., Bohleber, W., Zinnäcker, J. (Hrsg.) (2007). Transgenerationale Weitergabe kriegsbelasteter Kindheiten. Interdisziplinäre Studien zur Nachhaltigkeit historischer Erfahrungen über vier Generationen. Weinheim u. München: Juventa.

Rasch, S. E. (2013). Schreibe dich stark. Das Selbstwertgefühl stärken durch kreatives Schreiben. In: Heimes, S., Rechenberg-Winter, P., Haußmann, R. Praxisfelder des kreativen und therapeutischen Schreibens (S. 279–293). Göttingen: Vandenhoeck & Ruprecht.

Rechenberg-Winter, P., Fischinger, E. (2010). Kursbuch systemische Trauerbegleitung (2., bearb. Auflage). Göttingen: Vandenhoeck & Ruprecht.

Rechenberg-Winter, P., Haußmann, R. (2015). Arbeitsbuch Kreatives und biografisches Schreiben. Gruppen leiten. Göttingen: Vandenhoeck & Ruprecht.
Retzer, W. (2002). Passagen. Systemische Erkundungen. Stuttgart: Klett-Cotta.
Richter, W. (o. J.): Jeder Mensch ist ein Künstler. Portrait Joseph Beuys. Youtube.
Rico, G. (1984/2004). Garantiert schreiben lernen. Sprachliche Kreativität methodisch entwickeln – ein Intensivkurs auf der Grundlage der modernen Gehirnforschung. Reinbek: Rowohlt.
Rullmann, M. (Hrsg.) (2004). Sophias Weisheiten. Rüsselsheim: Christel Göttert.
Rytchéu, J. (1991). Traum im Polarnebel. Zürich: Unionsverlag
Sacks, O. (1991). Der Mann, der seine Frau mit einem Hut verwechselte. Reinbek: Rowohlt.
Schäfer, B. (2013). Schreibrituale. Erkundung zu Motivation und Praxis des Tagebuchschreibens. In S. Heimes, P. Rechenberg-Winter, R. Haußmann (Hrsg.), Praxisfelder des kreativen und therapeutischen Schreibens (S. 294–310). Göttingen: Vandenhoeck & Ruprecht.
Schärf, C. (2012). Schreiben Tag für Tag. Journal und Tagebuch. Mannheim und Zürich: Duden.
Scheidt, J. vom (1989). Kreatives Schreiben: Texte als Weg zu sich selbst und anderen. Frankfurt a. M.: Fischer-TB.
Scheidt, J. vom (2006). Kreativ Schreiben – Hyperwriting. Texte als Weg zu sich selbst und zu anderen. München: Allitera.
Schenk, H. (2009). Die Heilkraft des Schreibens. Wie man vom eigenen Leben erzählt. München: Beck.
Schiller, F. (1795). Briefe über die ästhetische Erziehung des Menschen.
Schulz von Thun, F., Stegemann, W. (Hrsg.) (2004). Das Innere Team in Aktion. Reinbek: Rowohlt.
Seifried, I. (2002). Das Labyrinth oder Die Kunst zu Wandeln. Wien: Haymon.
Sontag, S. (1978). Krankheit als Metapher. München und Wien: Hanser.
Stift, A. (2011). Die Augenblicke des letzten Mals. Sinn und Form, 63, 1, 58–60.
Stölzel, T. (2014). Fragen – Lösen – Fragen. Philosophische Potenziale für Therapie, Beratung und Organisationsentwicklung. Göttingen: Vandenhoeck & Ruprecht.
Stroebe, M., Schut, H. (1999). The Dual Process Model of Coping with Bereavement: Rationale and Description. Death Studies, 23 (3),197–224.
Tauschwitz, M. (2012). Hilde Domin. Dass ich sein kann, wie ich bin. Mainz: VAT Verlag André Thiele.
Tschinag, G. (2013). Die Kraft des Schamanen. Zürich: Unionsverlag.
Vighy, C. (2010). Mein letzter Sommer. Roman. Hamburg: Hoffmann und Campe.
Vopel, K. (2005). Ich bin, woran ich mich erinnere. Autobiografisches Erzählen in Gruppen. Salzhausen: Iskopress.

Walser, M. (1994). In: Lektüre zwischen den Jahren. Frankfurt a. M.: Suhrkamp.

Weil, S. (1989). Schwerkraft und Gnade. München: Piper.

Weinmann, M. (1998). Kommunikation zwischen Text und Leser. Wer war mein Vater? In: H. H. Koch, N. Keßler (Hrsg.), Schreiben und Lesen in psychischen Krisen. Band 1: Gespräche zwischen Wissenschaft und Praxis (S. 229–239). Bonn: Psychiatrie-Verlag.

Welter-Enderlin, R., Hildenbrand, B. (Hrsg.) (2006). Resilienz – Gedeihen trotz widriger Umstände. Heidelberg: Carl-Auer.

Welzer, H. (2002). Das kommunikative Gedächtnis. Eine Theorie der Erinnerung. München: Beck.

Werder, L. von (1998). Erinnern, Wiederholen, Durcharbeiten. Das Konzept der Katharsis beim autobiografischen Schreiben in Lebenskrisen. In H. H. Koch, N. Keßler (Hrsg.), Schreiben und Lesen in psychischen Krisen. Band 1: Gespräche zwischen Wissenschaft und Praxis (S. 108–122). Bonn: Psychiatrie-Verlag; Neumünster: Paranus-Verlag.

Werder, L. von (2007). Lehrbuch des Kreativen Schreibens. Wiesbaden: Matrix.

Wilpert, G. von (1969). Sachwörterbuch der Literatur (5. Auflage). Stuttgart: Reclam.

Wilson, G.D. (1971). Bibliotherapie. In W. Arnold et al. (Hrsg.), Lexikon der Psychologie. Freiburg u. a.: Herder.

Wittmann, G., Scham, U., Land, R. (2013). Anna Halprin. Tanz – Prozesse – Gestalten (2. Auflage). München: K. Kieser.

Wolter-Cornell, U. (2015). Systemische Familienrekonstruktion In: Trauer hat System – Veränderungsdynamik in Krisen. Leidfaden – Fachmagazin für Krisen, Leid, Trauer, 3/2015, S. 23–28.

Link für Downloadmaterial mit Schreibimpulsen unter:
http://www.v-r.de/Rechenberg-Winter-Schreibimpulse
Code: qK9pEpCF

Edition Leidfaden

Monika Müller
Trauergruppen leiten
Betroffenen Halt und Struktur geben
2014. 124 Seiten, kartoniert
ISBN 978-3-525-40237-5

Matthias Schnegg
Erwärmen in der Trauer
Psychodramatische Methoden in der Begleitung
2014. 138 Seiten, mit 17 Abb., kartoniert
ISBN 978-3-525-40232-0

Willy Peter Müller
Trauer in Träumen
Traumbilder können helfen und heilen
2014. 126 Seiten, kartoniert
ISBN 978-3-525-40236-8

Eduard Zwierlein
Denken kann trösten
Trauer verständnisvoll begleiten
2014. 131 Seiten, mit 2 farb. Abb., kartoniert
ISBN 978-3-525-40235-1

Auch als eBooks erhältlich!

Marion Schenk
Suizid, Suizidalität und Trauer
Gewaltsamer Tod und Nachsterbewunsch in der Begleitung
2014. 132 Seiten, mit 10 Abb., kartoniert
ISBN 978-3-525-40238-2

Traugott Roser
Sexualität in Zeiten der Trauer
Wenn die Sehnsucht bleibt
2014. 139 Seiten mit 2 Abb., kartoniert
ISBN 978-3-525-40233-7

Norbert Mucksch
Trauernde hören, wertschätzen, verstehen
Die personzentrierte Haltung in der Begleitung
Mit einem Vorwort von Michael Schlechtriemen.
2015. 127 Seiten, Mit 2 Abb., kartoniert
ISBN 978-3-525-40255-9

Isabella Hemmann
Das Alphabet der Trauer
Mit Texten zum tieferen Verständnis von Verlusten
2015. 107 Seiten kartoniert
ISBN 978-3-525-40248-1

Verlagsgruppe Vandenhoeck & Ruprecht | V&R unipress

Leidfaden.
Fachmagazin für Krisen, Leid, Trauer

Von Petra Rechenberg-Winter herausgegebene Hefte:

Petra Rechenberg-Winter /
Christian Metz (Hg.)
**Trauer hat System –
Veränderungsdynamik in
Krisen**
Leidfaden 2015 Heft 3.
2015. 100 Seiten, mit zahlr. farb.
Abb., kartoniert
ISBN 978-3-525-80610-4

Fragestellungen und Praxiserfahrungen mit systemischem Blick regen bei Trauer zum Querdenken an, sind wirksame »Quelle der Veränderung« (Varga von Kibéd) und befördern Lösungsansätze.

Monika Müller /
Petra Rechenberg-Winter (Hg.)
**Rituale – zwischen
Pathos und Folklore**
Leidfaden 2013 Heft 1.
2013. 104 Seiten, mit zahlr. meist farb. Abb.
ISBN 978-3-647-80601-3

Nur noch als PDF erhältlich!

Sylvia Brathuhn /
Petra Rechenberg-Winter /
Monika Müller (Hg.)
**Trauer und Sprache –
Jedes Wort zählt**
Leidfaden 2013 Heft 3.
2013. 104 Seiten, mit zahlr. farb. Abb.
ISBN 978-3-647-80603-7

Nur noch als PDF erhältlich!

Dorothee Bürgi /
Petra Rechenberg-Winter (Hg.)
**Kunst – dem Leid
An-Sehen geben**
Leidfaden 2014 Heft 2.
2014. 112 Seiten, mit zahlr. farb. Abb., kartoniert
ISBN 978-3-525-80606-7

Wie alle großen Lebensfragen des Menschen findet auch Trauer ihren Ausdruck in der Kunst. Im Betrachten der Werke verleihen wir dem Leid ein Ansehen.

Mehr unter: www.v-r.de/leidfaden

Verlagsgruppe Vandenhoeck & Ruprecht | V&R **unipress**

Trauerbegleitung systemisch

Petra Rechenberg-Winter /
Esther Fischinger
**Kursbuch systemische
Trauerbegleitung**
2. Auflage 2010. 237 Seiten, mit 8
Abb. und 1 Tab. sowie 1 CD, gebunden
ISBN 978-3-525-49133-1

Ob ein zur Adoption freigegebenes Kind, der Tod eines geliebten Menschen, eine Trennung oder Scheidung – wie kann man Betroffenen Kraft und Mut zu Abschied, Trauer und Neubeginn geben?

»Der wohltuend ›akzeptierende‹ Ansatz der beiden Autorinnen macht dieses Buch besonders lesenswert.«
Rundbrief des Bundesverbandes Verwaiste Eltern in Deutschland e.V.

»Im vorliegenden Buch finden sich [...] viele wertvolle Hinweise zum Verständnis von Trauer und zum Umgang mit ihr.«
Projekt Psychotherapie (Rüdiger Hagelberg)

»Ich freue mich, dass hier ein wichtiges und expandierendes Arbeitsfeld für die systemische Beratung, Therapie und Seelsorge gut erschlossen worden ist.«
Kontext (Jochen Schweitzer)

Verlagsgruppe Vandenhoeck & Ruprecht | V&R **unipress**

www.v-r.de

Kreatives und biografisches Schreiben

Renate Haußmann /
Petra Rechenberg-Winter
**Alles, was in mir steckt:
Kreatives Schreiben im
systemischen Kontext**
2013. 158 Seiten, mit 8 Abb. und
8 Tab., kartoniert
ISBN 978-3-525-46266-9

In diesem Arbeitsbuch wird ein wissenschaftlich fundiertes und praxiserprobtes Schreibwirkmodell vor. Neben theoretischem Grundwissen finden sich darin auch zahlreiche Schreibübungen und -beispiele.

Renate Haußmann /
Petra Rechenberg-Winter
**Alles, was in mir steckt:
Kreatives Schreiben im
systemischen Kontext**
Schreibübungen 1 bis 15
2014. 36 Seiten, mit 3 Abb., PDF
ISBN 978-3-647-92006-1

15 zusätzliche Schreibübungen!

Petra Rechenberg-Winter /
Renate Haußmann
**Arbeitsbuch Kreatives und
biografisches Schreiben**
Gruppen leiten
Unter Mitarbeit von Andrea Katzenberger und Christian Kaiser.
2015. 373 Seiten, mit 9 Abb. und 7 Tab., inkl. Downloadmaterial, gebunden
ISBN 978-3-525-40223-8

Das Arbeitsbuch beinhaltet sämtliche relevanten Grundlagen zum Einsatz des kreativen Schreibens in diversen beraterischen und entwicklungsorientierten Tätigkeitsfeldern.

Silke Heimes / Petra Rechenberg-Winter / Renate Haußmann (Hg.)
**Praxisfelder des kreativen
und therapeutischen
Schreibens**
2013. 314 Seiten, mit 25 Abb. und 3 Tab., kartoniert
ISBN 978-3-525-40189-7

Kreatives und therapeutisches Schreiben kann in der Beratung, Pädagogik, Lehre und Selbsterfahrung eingesetzt werden.

Verlagsgruppe Vandenhoeck & Ruprecht | V&R **unipress**